विंडोज 7

विंडोज 7 परिचय एवं संचालन

प्रकाशक

F-2/16, अंसारी रोड, दरियागंज, नई दिल्ली-110002
☎ 23240026, 23240027 • फैक्स: 011-23240028
E-mail: info@vspublishers.com • *Website:* www.vspublishers.com

क्षेत्रीय कार्यालय : हैदराबाद
5-1-707/1, ब्रिज भवन (सेन्ट्रल बैंक ऑफ इण्डिया लेन के पास)
बैंक स्ट्रीट, कोटी, हैदराबाद-500 095
☎ 040-24737290
E-mail: vspublishershyd@gmail.com

शाखा : मुम्बई
जयवंत इंडस्ट्रिअल इस्टेट, 2nd फ्लोर - 222,
तारदेव रोड अपोजिट सोबो सेन्ट्रल मॉल, मुम्बई - 400 034
☎ 022-23510736
E-mail: vspublishersmum@gmail.com

फ़ॉलो करें:   

हमारी सभी पुस्तकें **www.vspublishers.com** पर उपलब्ध हैं

संस्करण: 2017

प्रकाशकीय

युवा–उन्मुख पुस्तकों के प्रकाशन और छात्रों, शिक्षकों और अभिभावकों के सराहना के बाद वी एण्ड एस पब्लिशर्स छात्र एवं रोजगारोन्मुख पुस्तकों के क्षेत्र में प्रवेश कर रहा है। इसके अन्तर्गत सभी वर्ग के छात्रों एवं पाठकों के लिए एक श्रृंखला के रूप में कम्प्यूटर के महत्त्वपूर्ण विषयों पर पुस्तकें प्रकाशित की गई है। कम्प्यूटर श्रृंखला की अगली कड़ी में हमने 'विंडोज 7' पुस्तक प्रकाशित किया है।

पाठकों की सुविधा के लिए इस पुस्तक की सभी जानकारी क्रमबद्ध रूप में स्पष्ट चित्र और विस्तृत व्याख्या के साथ प्रस्तुत की गयी है। वर्तमान परिदृश्य में कम्प्यूटर का हर क्षेत्र में उपयोग किया जाता है, जैसे कि शिक्षा, व्यापार वाणिज्य, शौक, घर और यहाँ तक कि रोजमर्रा की जिन्दगी में भी। वस्तुतः आज के जीवन में हम इसके बिना जीना सोच नहीं सकते।

इन पुस्तकों की प्रमुख विशेषताएँ :

1. सरल एवं स्पष्ट भाषा
2. क्रमवार प्रारूप में उपयुक्त छवि, स्क्रीनशॉट, चार्ट एवं तालिकाओं के साथ प्रस्तुतीकरण
3. प्रत्येक अध्याय में उपयोगी टिप्स एवं विशेष जानकारी

प्रस्तुत पुस्तक **'विंडोज 7'** में विंडोज से सम्बन्धित सभी मूल बातों की सरल एवं आसान शब्दों में जानकारी दी गई है।

हमारा यथासम्भव प्रयास रहा है कि त्रुटियाँ कम हो, फिर भी पाठकों से प्रार्थना है कि किसी भी अनायास अनापेक्षित भूल की सूचना हमें अतिशीघ्र दें, जिससे कि आने वाले संस्करण में भूल सुधार हो सके।

विषय-सूची

अध्याय– 1

विंडोज 7 का परिचय (Introduction to Windows 7)

विंडोज 7 (Windows 7)

पर्सनल कम्प्यूटरों में सबसे ज्यादा उपयोग किया जाने वाला ऑपरेटिंग सिस्टम है– विंडोज और विंडोज का अब तक का सबसे प्रचलित और लोकप्रिय संस्करण है 'विंडोज 7'। माइक्रोसॉफ्ट ने अपने ऑपरेटिंग सिस्टम के इस संस्करण के माध्यम से न केवल इसके पिछले संस्करणों यानी विंडोज एक्सपी और विंडोज विस्टा की कमियों को दूर किया है, बल्कि कम्प्यूटर यूज़र्स को एक बिलकुल नया इंटरफेस और एक्सपीरियंस के साथ ही सुरक्षा भी प्रदान करने की कोशिश की है। माइक्रोसॉफ्ट का सबसे विकसित, अनोखा एवं नवीनतम संस्करण 'विंडोज 8' भी बाज़ार में आ चुका है।

क्या खास है विंडोज 7 में? (Features of Windows 7)

विंडोज ऐरो (Windows Aero): विंडोज ऐरो को पहली बार विंडोज विस्टा में प्रयोग किया गया था। यह विंडोज का नया ग्राफिकल यूजर इंटरफेस है जो कि हार्डवेयर-आधारित है। ऐरो (Aero) Authentic, Energetic, Reflective, Open का लघुरूप है। पुराने इंटरफेस की तुलना में यह ज्यादा स्पष्ट लुक और सजीव आइकॉन्स प्रदान करता है।

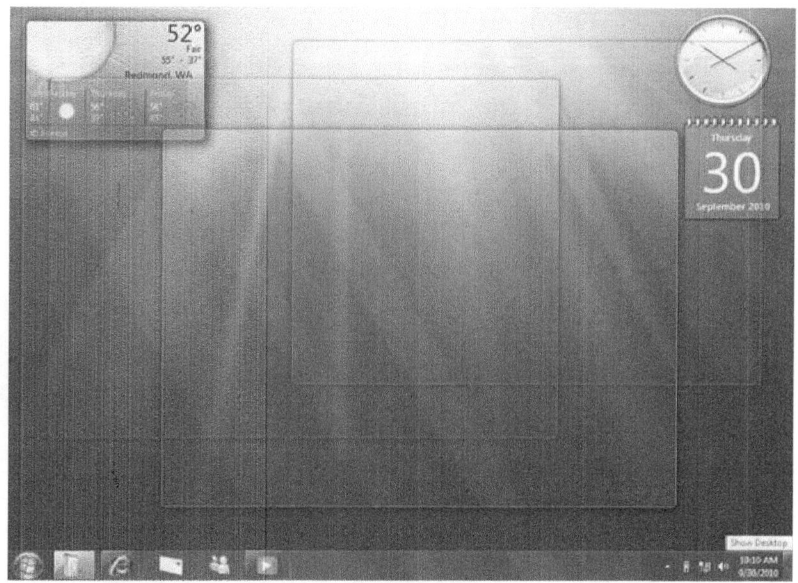

विंडोज ऐरो

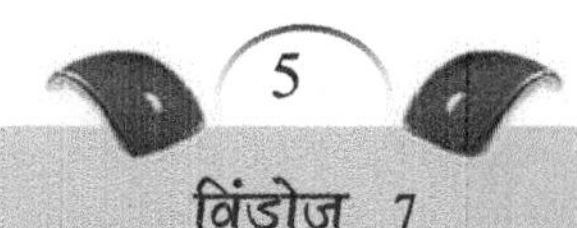

फाइल को खोजना (Searching Files): अगर आप विंडोज एक्सपी का प्रयोग करते हैं, तो आपको पता होगा कि इसमें किसी भी फाइल को खोजने के लिए सर्च विंडो का प्रयोग करना पड़ता है, लेकिन इसके विपरीत विंडोज 7 में यह कार्य स्टार्ट मेन्यू में दी गयी सर्च बॉक्स से किया जा सकता है। यह सुविधा विंडोज विस्टा में भी दी गयी थी।

Search programs and files

सर्च टूल

उन्नत डेस्कटॉप (Improved Desktop): विंडोज के डेस्कटॉप में कई प्रकार के परिवर्तन करके इस संस्करण के डेस्कटॉप को अब तक का सबसे बेहतरीन लुक प्रदान किया गया है। डेस्कटॉप के लिए डेस्कटॉप स्लाइडशो नामक टूल का प्रयोग किया गया है, जो डेस्कटॉप को समय-समय पर बदलता रहता है।

लाइब्रेरी (Library): अगर आपने विंडोज एक्सपी का प्रयोग किया है, तो आप इसके माइ डॉक्यूमेंट (My Document) फीचर के बारे में जानते होंगे, जिसका प्रयोग सामान्यतः डॉक्यूमेंट्स स्टोर करने के डिफॉल्ट पाथ के रूप में किया जाता था। इसके स्थान पर विंडोज 7 में लाइब्रेरीज (Libraries) नामक एक वर्चुअल फोल्डर दिया गया है, जिसका प्रयोग माइ डॉक्यूमेंट की तरह ही किया जा सकता है। इस फोल्डर में चार सब-फोल्डर होते हैं: डॉक्यूमेंट लाइब्रेरी (Document Librery), म्यूजिक लाइब्रेरी (Music Librery) , पिक्चर लाइब्रेरी (Picture Librery) तथा वीडिया लाइब्रेरी (Video Librery)।

टास्कबार (Taskbar): विंडोज ऑपरेटिंग सिस्टम में टास्कबार सुविधा का प्रयोग पहली बार विंडोज 95 में किया गया था। विंडोज 7 में टास्कबार के फीचर्स में भी काफी बेहतर परिवर्तन किये गये हैं। इसका टास्कबार अपने पिछले संस्करण के टास्कबार की तुलना में 10 पिक्सल चौड़ा है, जिसे आप अपनी सुविधानुसार छोटा भी कर सकते हैं। इस टास्कबार में आइकॉन्स को जोड़ा जा सकता है और उन्हें स्विच भी किया जा सकता है। यह सुविधा क्विक लाँच टूलबार की तरह कार्य करता है, लेकिन बेहतर तरीके से।

Ramashankar Sharma, Dheerendra Gupta, Nishu Gunjan and 2 others like this.

टास्कबार

थम्बनेल प्री-व्यू (Thumbnail Preview): विंडोज एक्सपी में जिस प्रकार से थम्बनेल आइकॉन दिया गया था, उसी प्रकार से थम्बनेल प्री-व्यू है, जिसका प्रयोग टास्कबार में किया जाता है। टास्कबार में ओपन किसी भी विंडो के आइकॉन पर जब आप माउस का कर्सर ले जाते हैं, तो विंडोज एक छोटी विंडो स्क्रीन के रूप में उसका प्रीव्यू दिखाता है, ताकि आपको

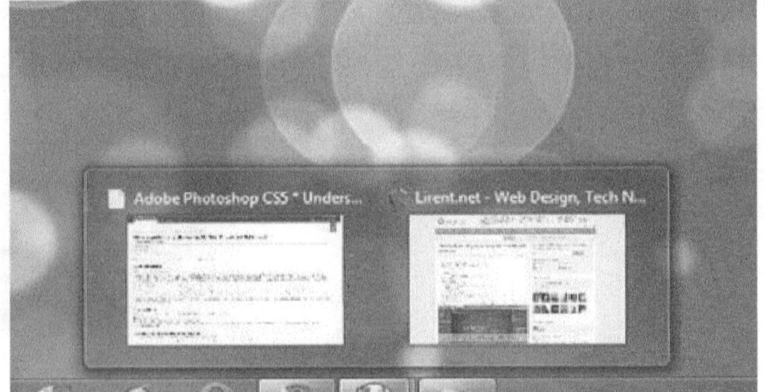

थम्बनेल प्री-व्यू

यह पता चल सके कि उस विंडो में क्या दिया गया है, जैसे यदि आप आपके कम्प्यूटर में कोई वेब ब्राउजर ओपन है, जिसमें गूगल ओपन है, तो इस प्री–व्यू में आपको गूगल का वेबपेज दिखायी देगा। यह शुरुआत वैसे तो विंडोज विस्टा से की गयी थी, लेकिन विंडोज 7 का थम्बनेल प्री–व्यू ज़्यादा बेहतर है। थम्बनेल प्री–व्यू में ओपन हुई छोटी विंडो के 'x' बटन पर क्लिक करके सम्बन्धित विंडो को बन्द भी किया जा सकता है तथा उस पर माउस ले जाकर सम्बन्धित विंडो को अस्थायी तौर पर ओपन भी कर सकते हैं।

स्टार्ट मेन्यू

स्टार्ट मेन्यू (Start Menu): विंडोज 7 में स्टार्ट मेन्यू के पुराने लुक को पूरी तरह हटा दिया गया है। इसमें एक ही पावर बटन है, जिसे आप किस रूप में प्रयोग करना चाहेंगे, यह आप खुद निर्धारित कर सकते हैं (जैसे: Turn off, Sleep, Restart या Log off), सर्च विकल्प को सर्च टेक्स्ट बॉक्स (Text Box) के रूप में दिया गया है। Document, Music तथा Picture जैसे फोल्डर्स के अतिरिक्त यूजर के नाम का फोल्डर भी दिया गया है, जिसमें उसके निजी डॉक्यूमेंट्स होंगे।

ऐरो पीक (Aero Peek): विंडोज के पुराने संस्करणों में टास्कबार में सबसे दांयें ओर नोटिफ़िकेशन एरिया होता था, लेकिन विंडोज–7 में यहाँ एक नया टूल जोड़ा गया है, जिसे 'ऐरो पीक' कहते हैं। इस बटन का प्रयोग डेस्कटॉप और गैजेट्स प्रदर्शित करने के लिए किया जाता है तथा यदि इस पर क्लिक कर दिया जाये, तो सारे प्रोग्राम्स मिनीमाइज हो जाते हैं और दोबारा क्लिक करने पर मैक्सीमाइज।

विंडोज के घटक (Components of Windows)

डेस्कटॉप (Desktop)

कम्प्यूटर पूरी तरह आरम्भ होने के बाद आपको जो सबसे पहली चीज या स्क्रीन दिखती है वह है, विंडोज का डेस्कटॉप। इस स्क्रीन को डेस्कटॉप इसलिए कहा जाता है, क्योंकि जिस प्रकार से हमारे घर की डेस्क यानी मेज पर हमारे कई आवश्यक डॉक्यूमेंट्स होते हैं, उसी प्रकार से विंडोज के डेस्कटॉप पर हमारी जरूरत की सभी चीजें मौजूद होती हैं, जैसे कि आइकॉन, टास्कबार,

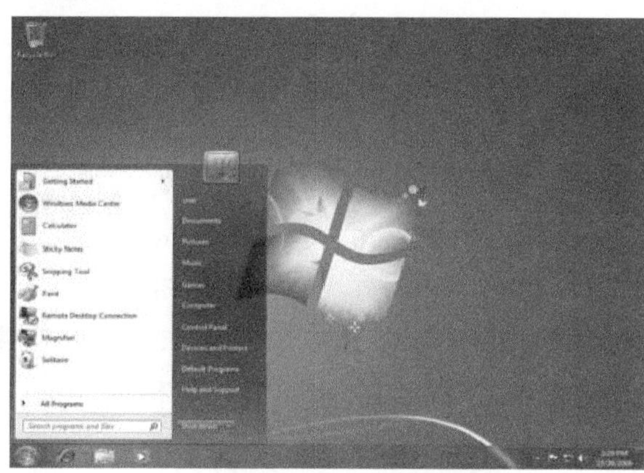
विंडोज–7 का डिफॉल्ट डेस्कटॉप

स्टार्ट बटन आदि। इसे विंडोज का आधार भी माना जा सकता है, क्योंकि हमारी कम्प्यूटिंग के सारे कार्य डेस्कटॉप से ही शुरू होते हैं।

डेस्कटॉप में कई ऑब्जेक्ट पाये जाते हैं, जिनमें से प्रमुख निम्नलिखित हैं-

- रिसाइकिल बिन (Recycle Bin)
- यन्त्र (Gadgets)
- टास्कबार (Taskbar)
- स्टार्ट बटन
- फाइल्स तथा फोल्डर

ये सभी वस्तुएँ डेस्कटॉप पर हर समय हो, यह आवश्यक नहीं है तथा उनका क्रम भी अलग-अलग हो सकता है, क्योंकि अलग-अलग व्यक्ति अपनी मेज को अलग-अलग तरीके से सजाते हैं। डेस्कटॉप में प्रत्येक ऑब्जेक्ट या फाइल को एक छोटे चित्र द्वारा प्रदर्शित किया जाता है, जिसके नीचे उसका नाम भी लिखा होता है। इस चित्र को आइकॉन (Icon) कहा जाता है।

रिसाइकिल बिन (Recycle Bin)

रिसाइकिल बिन विंडो

अपने ऑफिस में कार्य करते हुए जब हमारे लिए किसी कागज या अन्य डॉक्यूमेंट किसी काम नहीं रह जाता, तो हम उस फाड़कर डस्टबिन में फेंक देते हैं। विंडोज की रिसाइकिल बिन भी हमारे लिए यही कार्य करती है। अपने कम्प्यूटर में जब हम किसी अनावश्यक फाइल को डिलीट करते हैं, तो ड्राइव से मिटती नहीं है बल्कि रिसाइकिल बिन नामक फोल्डर में आकर सेव (सुरक्षित) हो जाती है, जिसे सभी ड्राइव्स का एक निश्चित स्टोरेज इस प्रकार की फाइल्स को स्टोर करने के लिए दिया गया है। इस प्रकार से ये फाइल्स इस फोल्डर में सुरक्षित रखी रहती हैं ताकि अगर हम भविष्य में इसका प्रयोग करना चाहें, तो रिसाइकिल बिन से पुनः उसे एक्सेस किया जा सके।

गैजेट्स (Gadgets)

विंडोज विस्टा में एक नया साइडबार प्रदान किया गया था, जिसमें कई प्रकार के गैजेट्स का प्रयोग किया जा सकता था। विंडोज-7 में यह साइडबार नहीं है, लेकिन फिर भी इन गैजेट्स का प्रयोग किया जा सकता है। ये गैजेट्स असल में कुछ विशेष एप्लीकेशंस हैं, जो विशिष्ट उद्देश्यों की पूर्ति करते हैं, जैसे दिनांक प्रदर्शित करने के लिए 'Calendar' गैजेट, एनालॉग घड़ी के रूप में 'Clock' गैजेट और मौसम की जानकारी तथा तापमान पता करने के लिए 'Weather' टूल।

गैजेट्स

माउस पॉइन्टर (Mouse Pointer)

माउस पॉइन्टर डेस्कटॉप पर दिखायी देने वाला एक तीरनुमा (Arrow Shaped) चित्र होता है, जो कि कम्प्यूटर में माउस की उपस्थिति को दर्शाता है। माउस का उपयोग करके किसी भी वस्तु का चयन करने के लिये माउस पॉइन्टर हमारी सहायता करता हैं। माउस पॉइन्टर अलग-अलग कार्यों के लिए अलग-अलग चित्रों को प्रदर्शित करता है, जैसे कि:

चित्र	वर्णन
	सामान्य चयन (Normal Select)
?	सहायता के लिए चयन (Help Select)
	बैकग्राउण्ड में कार्य (Working in Background)
	व्यस्त (Busy)
+	प्रेसीज़न का चयन (Precision Select)
I	टेक्स्ट का चयन (Text Select)
	हैण्डराइटिंग (Handwriting)
	अनुपलब्धता (Unavaibility)
↕	ऊर्ध्वाधर रिसाइज (Vertical Resize)
↔	क्षैतिज रिसाइज (Horizontal Resize)
↘	विकर्ण रिसाइज1 (Diagonal Resize1)
↗	विकर्ण रिसाइज2 (Diagonal Resize2)
	मूव (Move)
↑	विकल्प चयन (Alternate Select)
	लिंक का चयन (Link Select)

टास्कबार (Taskbar)

डेस्कटॉप में निचले स्तर पर स्थित वह स्ट्रिप जहाँ स्टार्ट बटन, नोटिफ़िकेशन एरिया, ऐरो पीक बटन आदि मौजूद होते हैं और जहाँ सभी ओपन प्रोग्राम व्यवस्थित तौर पर स्थित होते हैं, उसे 'टास्कबार' कहते हैं यानी ऐसा बार जिसका प्रयोग कम्प्यूटर के विभिन्न कार्य (टास्क) करने के लिए किया जाता है। इसे हम एक दराज मान सकते हैं, जहाँ हमारे सारे ओपन प्रोग्राम्स रखे होते हैं, जिन्हें हम अपनी आवश्यकतानुसार एक्सेस कर सकते हैं। जब आप किसी प्रोग्राम को मिनीमाइज करते हैं, तो वह टास्कबार में अपने-आप स्टोर हो जाता है, जहाँ क्लिक करके उसे दोबारा एक्सेस किया जा सकता है। यदि आप उस प्रोग्राम को बन्द कर देते हैं, तो उसका आइकॉन भी टास्कबार से गायब हो जायेगा।

टास्कबार

स्टार्ट बटन (Start Button)

विंडोज एक्सपी के 'Start' मेन्यू बटन के स्थान पर विंडोज 7 में 'Start' बटन दिया गया है जिसका कार्य स्टार्ट मेन्यू ओपन करना (खोलना) ही है। विंडोज-7 का स्टार्ट मेन्यू, हमें स्टार्ट मेन्यू के सभी तत्त्व प्रदान करता है, साथ ही साथ डेस्कटॉप में बने प्रोग्राम्स शॉर्टकट्स, प्रोग्राम्स को एक्सेस करने की सुविधा भी देता है, जैसे कम्प्यूटर, इंटरनेट एक्सप्लोरर, डॉक्यूमेंट तथा कंट्रोल पैनल। इन सबके अतिरिक्त हम स्टार्ट मेन्यू को अपनी आवश्यकतानुसार कस्टमाइज भी कर सकते है, जिससे इसे उपयोग करना और भी सरल हो जाता है।

स्टार्ट बटन और स्टार्ट मेन्यू

कम्प्यूटर (Computer)

विंडोज 95 से विंडोज एक्सपी तक चले आये 'माइ कम्प्यूटर प्रोगाम' को विंडोज विस्टा में कम्प्यूटर टूल में परिवर्तित कर दिया गया, जहाँ से इसके पुराने संस्करणों की तरह ही कम्प्यूटर के विभिन्न घटकों (हार्ड ड्राइव में सेव सभी फाइल्स) को एक्सेस किया जा सकता है।

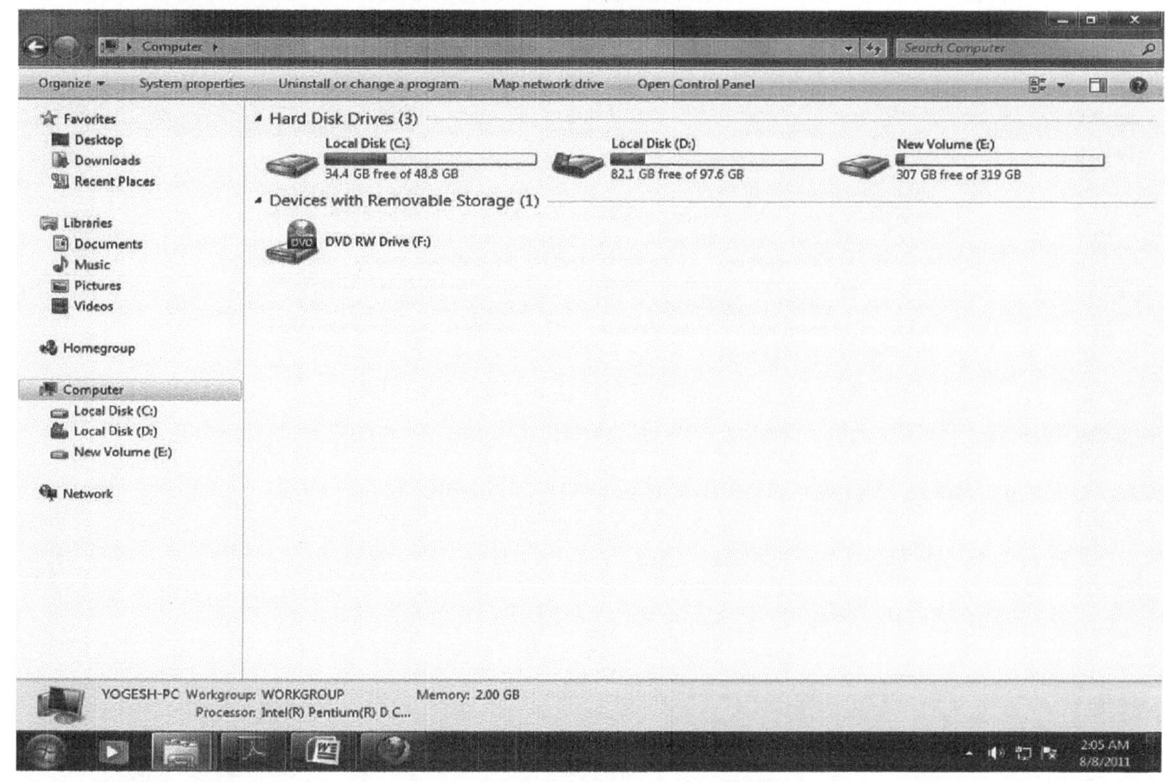

कम्प्यूटर

किसी विंडो की संरचना (Structure of a Window)

टेक्स्चुअल यूजर इण्टरफेस (TUI) या कैरेक्टर यूजर इण्टरफेस (CUI) पर आधारित ऑपरेटिंग सिस्टम्स में प्रोग्राम्स आरम्भ होने के लिए पूरी कम्प्यूटर स्क्रीन का उपयोग करते थें, तथा किसी दूसरे प्रोग्राम का उपयोग करने से पहले प्रोग्राम को बन्द करना आवश्यक होता था। इनके विपरीत GUI पर आधारित ऑपरेटिंग सिस्टम्स में विंडोज जैसी सुविधाओं का उपयोग करके, हम अब एक साथ कई प्रोग्राम्स को रन कर सकते हैं। विंडोज वास्तव में एक आयताकार फ्रेम या बॉक्स होते हैं, जो सम्बन्धित प्रोग्राम्स तथा फंक्शंस का उपयोग करने के लिए एक इण्टरफेस प्रदान करते हैं। प्रत्येक ओपन विंडोज में हम कुछ विशेष तत्त्व दिखायी देते हैं, जिनका उपयोग करके हम उस विंडोज से सम्बन्धित कार्य करते हैं।

ज्यादातर विंडोज में बहुत से घटक समान होते हैं। यहाँ विंडो के उन घटकों के बारे में बताया गया है, जो लगभग सभी विंडो में पाये जाते हैं।

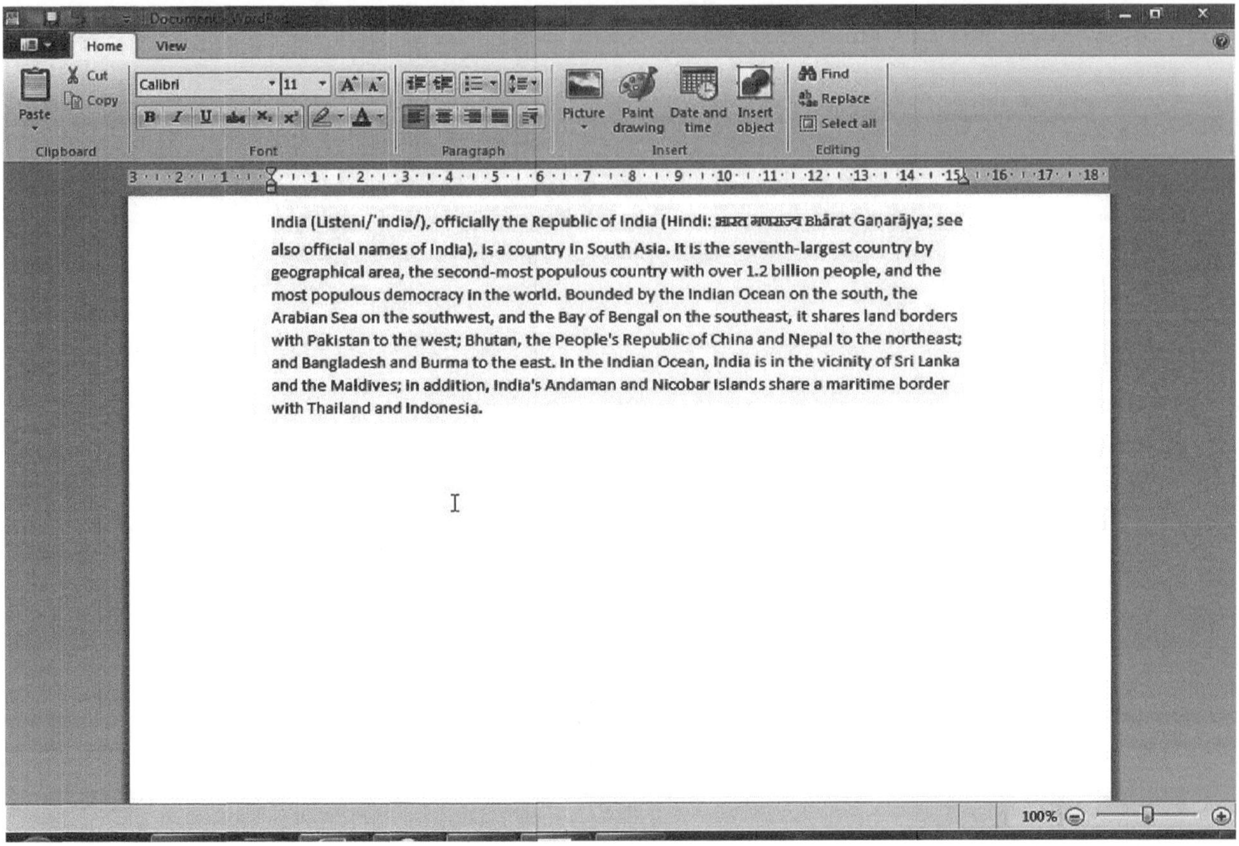

वर्डपैड विंडो

टाइटल बार (Title Bar): किसी भी प्रोग्राम विंडो का सबसे ऊपरी भाग उसका टाइटल बार होता है जहाँ सेव (सुरक्षित) किये गये प्रोग्राम का नाम दिखायी देता है। अगर फाइल सेव (सुरक्षित) नहीं है, तो फाइल के नाम के स्थान पर प्रोग्राम के अनुसार नाम दिखायी देता है। जैसे कि, एम एस वर्ड में Document, एम एस एक्सेल में Book-1, पॉवरपॉइंट में Presentation तथा इंटरनेट फाइल्स में फाइल का पाथ। इसके अतिरिक्त टाइटल बार में सिस्टम आइकॉन भी प्रदर्शित होता है। टाइटल बार पर आपको निम्न लिखित महत्त्वपूर्ण विकल्प प्राप्त होते है:

सिस्टम मेन्यू (System Menu): सिस्टम मेन्यू का प्रयोग ओपन विंडो को मूव, मिनिमाइज़, रिस्टोर, क्लोज, मैक्सीमाइज करने के लिए किया जा सकता है।

कंट्रोल बटन्स (Control Buttons): इन बटनों का प्रयोग ओपन विंडो को कंट्रोल करने के लिए किया जाता है, जैसे विंडो को मिनिमाइज, मैक्सीमाइज, रिस्टोर या बन्द करने के लिए। वैसे तो इस समूह में चार बटन्स होती हैं, लेकिन एक बार में केवल तीन ही दिखायी देती हैं, क्योंकि बीच की बटन मैक्सीमाइज और रिस्टोर में स्विच होती रहती है। इस समूह की बटन्स हैं:

- **मिनिमाइज बटन (Minimize Button):** ओपन विंडो को टास्कबार में मिनीमाइज करने के लिए।
- **मैक्सीमाइज बटन (Maximize Button):** प्रोग्राम विंडो को छोटे आकार से पूरी स्क्रीन पर विस्तारित करने के लिए।
- **रिस्टोर बटन (Restore Button):** विंडो के पूर्ण स्क्रीन पर विस्तारित होने के बाद मैक्सीमाइज बटन रिस्टोर बटन में परिवर्तित हो जाती है। इससे विंडो को वापस पुराने में लाया जा सकता है।
- **क्लोज बटन (Close Button):** इस बटन का उपयोग हम अपनी प्रोग्राम विंडो को बन्द करने के लिए करते हैं।

डायलॉग बॉक्स (Dialog Box)

डायलॉग बॉक्स भी एक प्रकार की विंडो होती है, जो सम्पूर्ण प्रोग्राम तो नहीं, अपितु प्रोग्राम्स के कुछ सामान्य कार्यों को प्रदर्शित करती है, जिनका चयन करके हम उस प्रोग्राम से सम्बन्धित कुछ विशेष कार्य कर सकते हैं। वास्तव में डायलॉग बॉक्स शब्द की उत्पत्ति 'डायलॉग' (Dialogue) शब्द से हुई है, क्योंकि इस बॉक्स के फंक्शन हमें यह बताते हैं कि जिस प्रोग्राम का हम उपयोग कर रहे हैं, उसका व्यवहार तथा कार्य कैसा होगा। डायलॉग बॉक्स में सामान्यत: निम्नलिखित घटक सम्मिलित होते हैं:

टैब (Tabs): कई बार कुछ विशेष प्रकार के डायलॉग बॉक्स में ऐसे कंट्रोल सम्मिलित होते हैं, जिन्हें एक से ज्यादा बॉक्स में फिट किया जा सकता है। इन कंट्रोल्स के विकल्पों को उनके कार्यों के अनुसार अलग-अलग भागों में विभाजित कर दिया जाता है, डायलॉग बॉक्स के इन भागों को हम 'टैब' कहते हैं।

पुश बटन (Push Buttons): पुश बटन डायलॉग बॉक्स मे उपस्थित वे बटन होते हैं, जिनका उपयोग करके हम डायलॉग बॉक्स के किसी कार्य को आरम्भ या समाप्त करते हैं। सभी डायलॉग बॉक्स में मुख्य रूप से तीन प्रकार के पुश बटन होते हैं। पहली OK बटन जिस पर क्लिक करने पर डायलॉग बॉक्स का कार्य पूर्ण हो जाता है तथा वह बन्द हो जाता है, दूसरी Cancel जिस पर क्लिक करने पर डायलॉग बॉक्स पर किये गये परिवर्तन लागू नहीं होते हैं तथा डायलॉग बॉक्स बंद हो जाता है, तथा तीसरी Apply जो कि OK के समान ही कार्य करती है, लेकिन केवल किये गये परिवर्तन को लागू करता है।

रेडियो बटन या ऑप्शन बटन (Radio Button or Option Button): रेडियो बटन या ऑप्शन बटन डायलॉग बॉक्स की वह बटन है, जिनका उपयोग करके हम डायलॉग बॉक्स में प्रदान किये गये कई विकल्पों

में से एक और केवल एक ही विकल्प का चयन कर सकते हैं। इस प्रकार के बटन तब काफी उपयोगी होते हैं, जब दिये गये विकल्पों में से कोई एक ही सही हो।

चेक बॉक्स (Check Boxes): चेक बॉक्स डायलॉग बॉक्स में उपस्थित वे वर्गाकार बॉक्स हैं, जिनका उपयोग हम किसी विकल्प को ऑन या ऑफ करने के लिए करते हैं। ये बॉक्स रेडियो बटन से बिलकुल विपरीत होते हैं, क्योंकि इनके उपयोग से हम एक साथ कई विकल्पों का चयन कर सकते हैं। किसी चेक बॉक्स को चयन करने के लिए हम उस पर क्लिक करते हैं तथा अचयनित करने के लिए उसी पर दोबारा क्लिक करते हैं।

कॉम्बो बॉक्स या ड्रॉप-डाउन लिस्ट (Combo Box or Drop-Down List): जैसा कि नाम से ही पता चलता है, कॉम्बो बॉक्स या ड्रॉप-डाउन लिस्ट एक ऐसी लिस्ट है, जो रेडियो बटन की तरह ही कार्य करती है। कॉम्बो बॉक्स में एक 'v' आकार या डाउन-ऐरो होती है, जिस पर क्लिक करने पर एक ड्रॉप-डाउन लिस्ट ओपन होती (खुलती) है, जिसमें से हम किसी एक विकल्प का चयन कर सकते हैं।

स्पिनर (Spinner): स्पिनर ऐसे टेक्स्ट बॉक्स होते हैं, जिनका उपयोग किसी संख्या, दिनांक या समय से सम्बन्धित कार्यों के लिए किया जाता है। स्पिनर में दो प्रकार की अप तथा डाउन ऐरो होते हैं, जिनका उपयोग करके दी गयी संख्या को घटाया या बढ़ाया जाता है।

लिस्ट बॉक्स (List Box): लिस्ट बॉक्स कई वैकल्पिक विकल्पों की एक लिस्ट है, जिसमें से हम किसी एक या कुछ विशेष परिस्थितियों में एक से ज्यादा विकल्पों का चयन कर सकते हैं। लिस्ट बॉक्स वैसे तो ड्रॉप-डाउन लिस्ट की तरह ही होता है, लेकिन इसमें लिस्ट पहले से ही ओपन (खुली) होती है और हमें केवल उनमें से विकल्पों का चयन करना पड़ता है।

टेक्स्ट बॉक्स (Text Box): डायलॉग बॉक्स में टेक्स्ट बॉक्स का उपयोग किसी टेक्स्ट द्वारा कोई कार्य करने के लिए करते हैं। उदाहरण के लिए, स्क्रीन सेवर टैब से टेक्स्ट को स्क्रीन सेवर के रूप में लागू करने के लिए टेक्स्ट बॉक्स का उपयोग किया जाता है।

परिचय (Introduction)

फोल्डर को समझने से पहले आवश्यक है कि फाइल्स को समझ लिया जाये। कम्प्यूटर में वह सिस्टम जिसका प्रयोग किसी भी प्रकार की सूचना को स्टोर करने के लिए किया जाता है उसे फाइल कहते हैं। कम्प्यूटर में हर सूचना फिर चाहे वह कोई वेबपेज हो या कोई सॉफ्टवेयर, सब एक फाइल ही है। आसान से शब्दों में, कम्प्यूटर की फाइल आपके ऑफिस के वर्क डॉक्यूमेंट्स या उनके पुस्तकों की तरह होती है जिसमें किसी भी जानकारी को स्टोर किया जा सकता है। अब फोल्डर को समझते हैं। तो यह बताइये कि क्या आपको इच्छित जानकारी पुस्तकालय की किसी भी पुस्तक में मिल सकती है? नहीं न, आपको अपनी आवश्यकतानुसार कोई भी सूचना किसी भी पुस्तक में नहीं मिल सकती है, जब तक कि आपको यह पता न हो कि आप इच्छित सूचना को पुस्तकालय के किस खंड में रखी किस पुस्तक के किस पेज में खोजें। यानी किसी पुस्तक को खोजने के लिए आपको यह मालूम होना चाहिए वह कहाँ रखी है। इसी प्रकार से विंडोज में स्टोर किसी सूचना को खोजने के लिए आपको यह पता होना चाहिए कि वह सूचना जिस फाइल में रखी है वह कम्प्यूटर में कहाँ स्टोर है। फाइल्स स्टोर करने के लिए विंडोज फोल्डर नामक प्रोग्राम प्रदान करता है। फोल्डर को एक वर्चुअल कण्टेनर या ब्रीफकेस मान सकते हैं जिसमें किसी फाइल को स्टोर किया जाता है। जिस प्रकार से हम ब्रीफकेस में अपनी कोई भी वस्तु रख सकते हैं, उसी प्रकार से हम फोल्डर में अपनी आवश्यक फाइल्स रख सकते हैं।

विंडोज ऑपरेटिंग सिस्टम में एक फोल्डर के अन्दर दूसरे फोल्डर्स का निर्माण भी किया जा सकता है। इस प्रकार जिस फोल्डर के अन्दर अन्य फोल्डर्स बनाये गये हैं उसे मुख्य फोल्डर (Main Folder) कहते हैं और उसके अन्दर बनाये गये सभी फोल्डर्स सब–फोल्डर्स कहलाते हैं। उदाहरण के लिए, मान लीजिए कि आप विज्ञान विषय पर कोई पुस्तक लिख रहे हैं और आपने 'Science' नाम से एक फोल्डर का निर्माण किया, जिसके अन्दर 'Chapter 1', 'Chapter 2'... नाम से कई अन्य फोल्डर्स का निर्माण किया गया है। इस स्थिति में 'Science' मुख्य फोल्डर और 'Chapter 1', 'Chapter 2'... सब–फोल्डर्स होंगे।

फोल्डर का निर्माण करना (Creating a Folder)

विंडोज 7 में कोई भी काफी आसानी से फोल्डर्स का निर्माण कर सकता है। किसी फोल्डर का निर्माण करने के लिए आपको निम्न चरणों का अनुसरण करना होगा:

शॉर्टकट मेन्यू का प्रयोग करके (Using Shortcut Menu)

- डेस्कटॉप या विंडोज एक्सप्लोरर में किसी रिक्त स्थान (जहाँ कोई भी आइकॉन न हो) पर माउस की दायें बटन से क्लिक कीजिए।
- एक शॉर्टकट मेन्यू ओपन होगा, जिसके न्यू (New) विकल्प पर जाइये तथा फोल्डर पर क्लिक कीजिए।
- ऐसा करते ही आपको स्क्रीन पर एक नया फोल्डर दिखायी देने लगेगा जिसे डिफॉल्ट रूप से 'New Folder' नाम होगा। इस पर कर्सर ब्लिंक कर रहा होगा। इस स्थान पर आप फोल्डर को अपनी आवश्यकतानुसार कोई भी नाम दे सकते हैं।

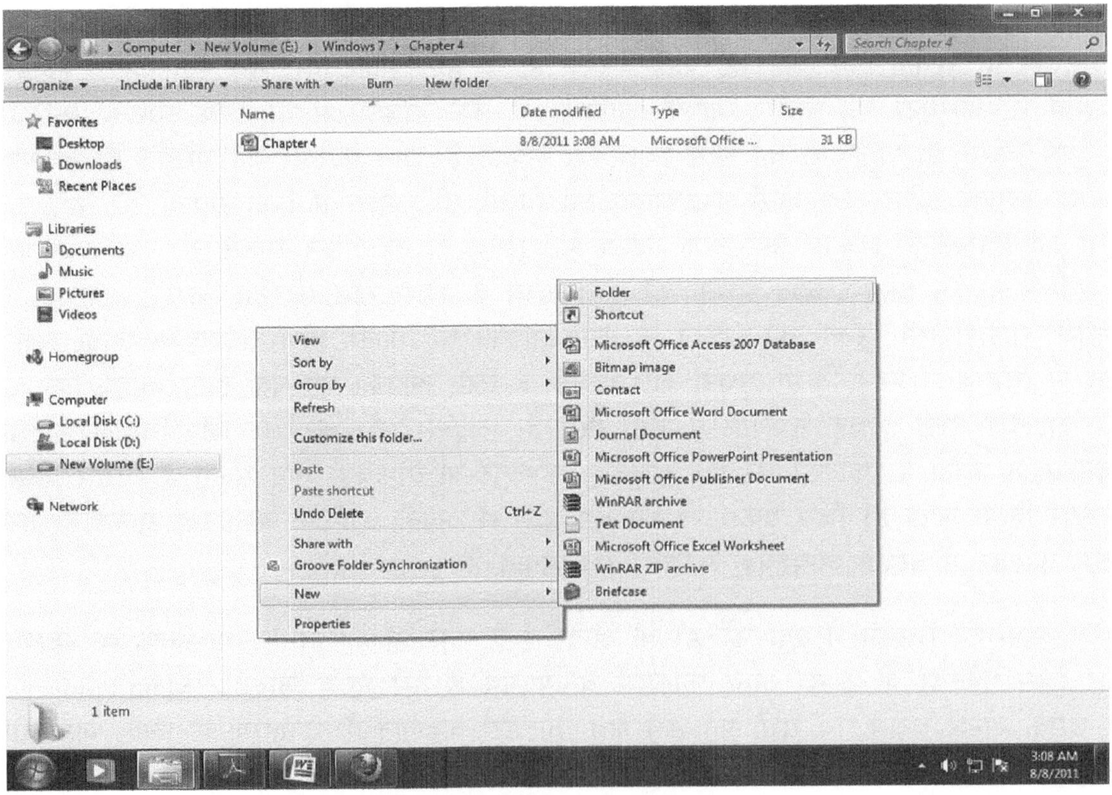

इसी प्रकार से किसी भी फोल्डर के अन्दर एक सबफोल्डर का निर्माण किया जा सकता है।

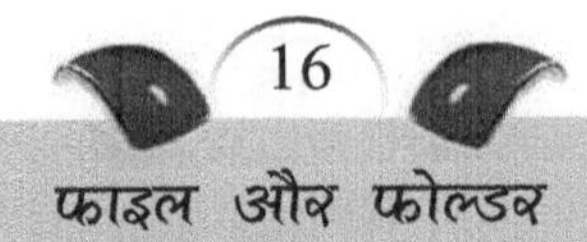

कम्प्रेस फोल्डर का निर्माण करना (Creating a Compress Folder)

मान लीजिए कि आप अपने किसी परिचित को कोई इमेज या फाइल मेल करना चाहते हैं तो आप क्या करेंगे? शायद आपको उत्तर होगा कि उस मेल में अटैच करेंगे और भेज देंगे। लेकिन यदि फाइल्स की संख्या 50 से ज्यादा हो तो? तो शायद सभी फाइल्स को एक-एक करके अटैच करने और प्राप्तकर्ता को डाउनलोड करने में समस्या आएगी। नहीं, कोई समस्या नहीं आएगी क्योंकि आप इन सभी फाइल्स को एक फाइल के रूप में ही अपलोड कर सकते हैं। आप मनचाही फाइल्स को एक विशेष प्रकार

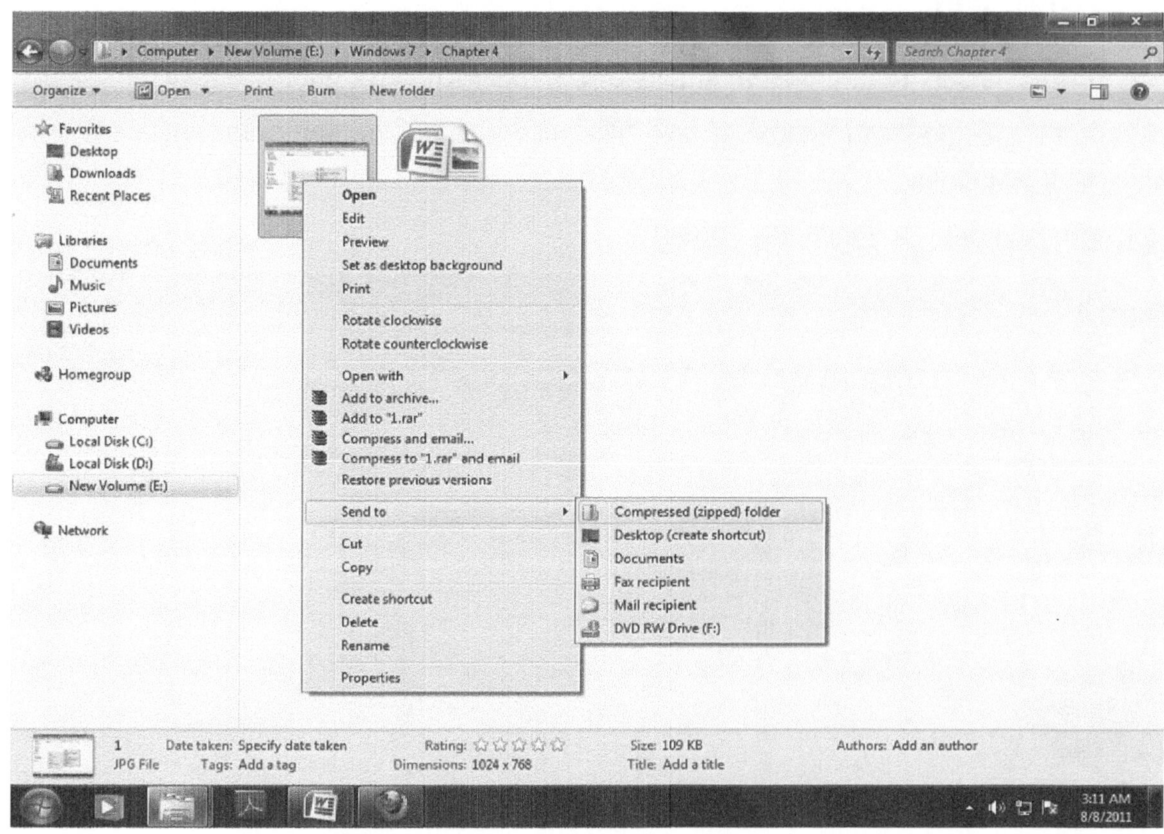

के फोल्डर में रख सकते हैं जिसे कम्प्यूटर एक फाइल ही मानकर चलता है। इस फोल्डर को कम्प्रेस्ड (जिप्ड) फोल्डर (Compressed (Zipped) Folder) कहते हैं। इस फोल्डर में आप चाहे कितनी ही फाइल्स को रखें लेकिन कम्प्यूटर इसे एक फाइल ही मानेगा लेकिन इसका साइज उसमें मौजूद सभी फाइल्स के अनुसार ही होगा। यदि आप सभी फाइल्स को पुनः एक्सेस करना चाहते हैं तो इस फोल्डर को एक्स्ट्रैक्ट (Extract) भी कर सकते हैं।

आप निम्न प्रकार से एक कम्प्रेस्ड फोल्डर का निर्माण कर सकते हैं:

- जिन फाइल्स को आप इस कम्प्रेस्ड फोल्डर के अन्दर रखना चाहते हैं उनका चयन कीजिए।
- माउस की दायीं बटन पर क्लिक कीजिए और Send To पर जाइये।
- Compressed (zipped) Folder पर क्लिक कीजिए। आपकी फाइल कम्प्रेस्ड हो जायेगी।

फाइल को एक्स्ट्रैक्ट करना

(Extracting a file)

- कम्प्रेस्ड फाइल पर दायाँ क्लिक कीजिए और Extract All... पर क्लिक कीजिए।
- ओपन हुए एक्स्ट्रैक्शन विजार्ड में उस पाथ का चयन कीजिए जहाँ आप फाइल को एक्स्ट्रैक्ट करना चाहते हैं।
- अब 'Extract' पर क्लिक कर दीजिए।

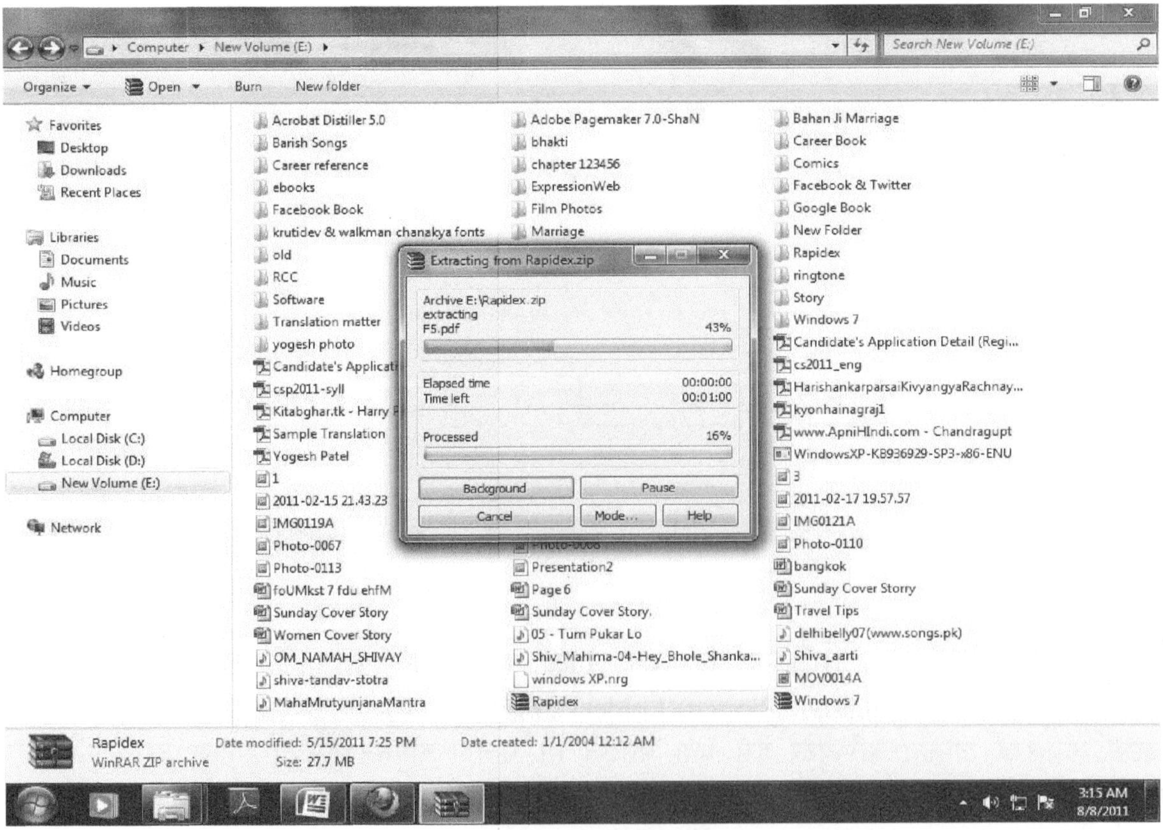

फाइल एक्सट्रैक्शन डायलॉग बॉक्स

फाइल या फोल्डर को कॉपी करना (Copying a File or Folder)

फाइल या फोल्डर को कॉपी करने का अर्थ है कम्प्यूटर के किसी अन्य स्थान में उसी फाइल या फोल्डर की एक प्रति का निर्माण करना। फाइल को कॉपी करना हमारे लिए तब उपयोगी साबित होता है जब हम उस फाइल का निर्माण किसी अन्य स्थान पर भी करना चाहते हैं लेकिन उसे उसके मूल स्थान से नहीं हटाना चाहते हैं। इसके अतिरिक्त यदि हम किसी लोकल एरिया नेटवर्क से जुड़े हुए हैं, तो हम फाइल्स या फोल्डर्स को कॉपी करके एक कम्प्यूटर से दूसरे कम्प्यूटर तक भी भेज सकते हैं। विंडोज 7 में आप निम्न प्रकार से किसी फाइल को कॉपी कर सकते हैं:

- डेस्कटॉप, माइ डॉक्यूमेंट या उस ड्राइव पर जाइये जहाँ वह फाइल या फोल्डर उपस्थित है, जिसे आप कॉपी करना चाहते हैं।
- अपनी फाइल या फोल्डर की प्रतिलिपि का निर्माण करने के लिए आपके पास तीन विकल्प है। पहला उस फाइल या फोल्डर आइकॉन पर माउस की दायें बटन से क्लिक कीजिए और ओपन हुए शॉर्टकट मेन्यू में कॉपी (Copy) विकल्प पर क्लिक कीजिए। दूसरा– बायीं ओर दिये गये 'Organize' मेन्यू को ओपन कीजिए और उसमें 'Copy' पर क्लिक कीजिए। तीसरा– कीबोर्ड से Ctrl+C शॉर्टकट कुंजी का प्रयोग कीजिए।
- कॉपी करने के बाद बारी आती है फाइल या फोल्डर को पेस्ट करने की। कम्प्यूटर के उस फोल्डर या ड्राइव पर जाइये जहाँ फाइल या फोल्डर को पेस्ट करना है।
- माउस की दायें बटन से क्लिक करके शॉर्टकट मेन्यू ओपन कीजिए और पेस्ट (Paste) का चयन कीजिए या 'Organize' मेन्यू से पेस्ट पर क्लिक कीजिए या फिर कीबोर्ड से Ctrl+V शॉर्टकट कुंजी का प्रयोग करके फोल्डर को पेस्ट कर दीजिए। कीबीर्ड

फाइल या फोल्डर को मूव करना (Moving Files or Folders)

फाइल्स या फोल्डर्स को मूव करने का अर्थ है, उन्हे एक स्थान से दूसरे स्थान ले जाना। किसी भी फाइल या फोल्डर को हम किसी भी एक ड्राइव से दूसरे ड्राइव या एक कम्प्यूटर से दूसरे कम्प्यूटर तक सरलतापूर्वक स्थानांतरित कर सकते है। इस कार्य के लिए हम निम्न चरणों का अनुसरण करते हैं:

- डेस्कटॉप, माइ डॉक्यूमेंट या उस ड्राइव पर जाइयें जहाँ वह फाइल या फोल्डर उपस्थित है, जिसे आप वहाँ से हटाकर किसी अन्य स्थान में ले जाना चाहते हैं।
- अपनी फाइल या फोल्डर को मूव करने के लिए आपके पास तीन विकल्प है। पहला उस फाइल या फोल्डर आइकॉन पर माउस की दायें बटन से क्लिक कीजिए और ओपन हुए शॉर्टकट मेन्यू में कट (Cut) विकल्प पर क्लिक कीजिए। दूसरा– बायीं ओर दिये गये 'Organize' मेन्यू को ओपन कीजिए और उसमें 'Cut' पर क्लिक कीजिए। तीसरा– कीबोर्ड से Ctrl+X शॉर्टकट कुंजी का प्रयोग कीजिए।

- कॉपी करने के बाद बारी आती है फाइल या फोल्डर को पेस्ट करने की। कम्प्यूटर के उस फोल्डर या ड्राइव पर जाइये जहाँ फाइल या फोल्डर को पेस्ट करना है।
- माउस की दायें बटन से क्लिक करके शॉर्टकट मेन्यू ओपन कीजिए और पेस्ट (Paste) का चयन कीजिए या 'Organize' मेन्यू से पेस्ट पर क्लिक कीजिए या फिर कीबोर्ड से Ctrl+V शॉर्टकट कुंजी का प्रयोग करके फोल्डर को पेस्ट कर दीजिए।

शॉर्टकट मेन्यू का उपयोग करके फाइल्स का निर्माण करना (Creating Files using Short-cut menu)

विंडोज किसी सामान्य फोल्डर की तरह ही कुछ चुनिंदा एप्लीकेशन प्रोग्राम (Application Program) की फाइल का निर्माण करने की सुविधा प्रदान करता है वह भी उन एप्लीकेशन प्रोग्राम्स का निर्माण किये बिना (हालांकि, उस फाइल में डाटा प्रविष्ट करने के लिए आपको वह फाइल ओपन करनी ही पड़ेगी, उसके लिए कोई अन्य रास्ता नहीं है)। इस प्रकार से एप्लीकेशन प्रोग्राम ओपन करने, फाइल सेव करने में लगने वाला समय बचता है। शॉर्टकट मेन्यू का प्रयोग करके नई फाइल का निर्माण करने की प्रक्रिया भी नये फोल्डर का निर्माण करने की प्रक्रिया की तरह ही है बस आपको 'Folder' के स्थान पर इच्छित फाइल्स का चयन करना है।

फाइल या फोल्डर का नाम बदलना (Renaming a File or Folder)

कम्प्यूटर में कई फाइल्स और फोल्डर्स होते हैं और एक प्रोग्राम की सभी फाइल्स के आइकॉन भी एक जैसे ही होते हैं। ऐसी स्थिति में अलग-अलग फाइल्स की पहचान करने के लिए आवश्यक है उनके नाम भी अलग-अलग हों। हम अपनी आवश्यतानुसार किसी भी फाइल या फोल्डर को पुनः नामकरण कर सकते हैं अर्थात् उस फाइल या फोल्डर के नाम को बदल सकते हैं। इस कार्य के लिए निम्न चरणों का अनुसरण कीजिए:

- उस फोल्डर या ड्राइव को ओपन कीजिए, जिसमें वह फाइल या फोल्डर स्थित है जिसका नाम आप बदलना चाहते हैं।
- इच्छित फाइल या फोल्डर पर माउस से दायाँ बटन क्लिक कीजिए ओपन मेन्यू से 'Rename' पर क्लिक कीजिए या फाइल का चयन करके 'Organize' मेन्यू पर जाइये और 'Rename' का चयन कीजिए।
- ऐसा करते ही उस फाइल के नाम पर कर्सर ब्लिंक करने लगेगा। यहाँ आप अपनी इच्छानुसार फाइल को कोई भी नया नाम दे सकते हैं।

फाइल्स तथा फोल्डर्स के विभिन्न व्यू (Different Views of Files and Folders)

फाइल्स या फोल्डर्स के व्यू का अर्थ है उनके दिखने का तरीका। जब आप विंडोज एक्सप्लोरर ओपन करते हैं तो फाइल्स और फोल्डर्स अलग-अलग व्यू के आधार पर आपको वे अलग-अलग प्रकार के दिखायी

देते हैं जैसे, किसी आइकॉन में आपको केवल फाइल का नाम दिखायी देता है तो किसी में नाम के साथ फाइल से सम्बन्धित अन्य जानकारियाँ भी। विंडोज में फाइल्स तथा फोल्डर्स के निम्न प्रकार के व्यूज होते है:

- कंटेंट व्यू (Content View)
- टाइल्स व्यू (Tiles View)
- डिटेल्स व्यू (Details View)
- लिस्ट व्यू (List View)
- आइकॉन व्यू (Icon view)

कंटेंट व्यू (Content View): इस व्यू में हमें फोल्डर्स और फाइल्स से सम्बन्धित कुछ आवश्यक जानकारी मिलती है जैसे फोल्डर बनने की तारीख, फाइल का प्रयोग आकार आदि।

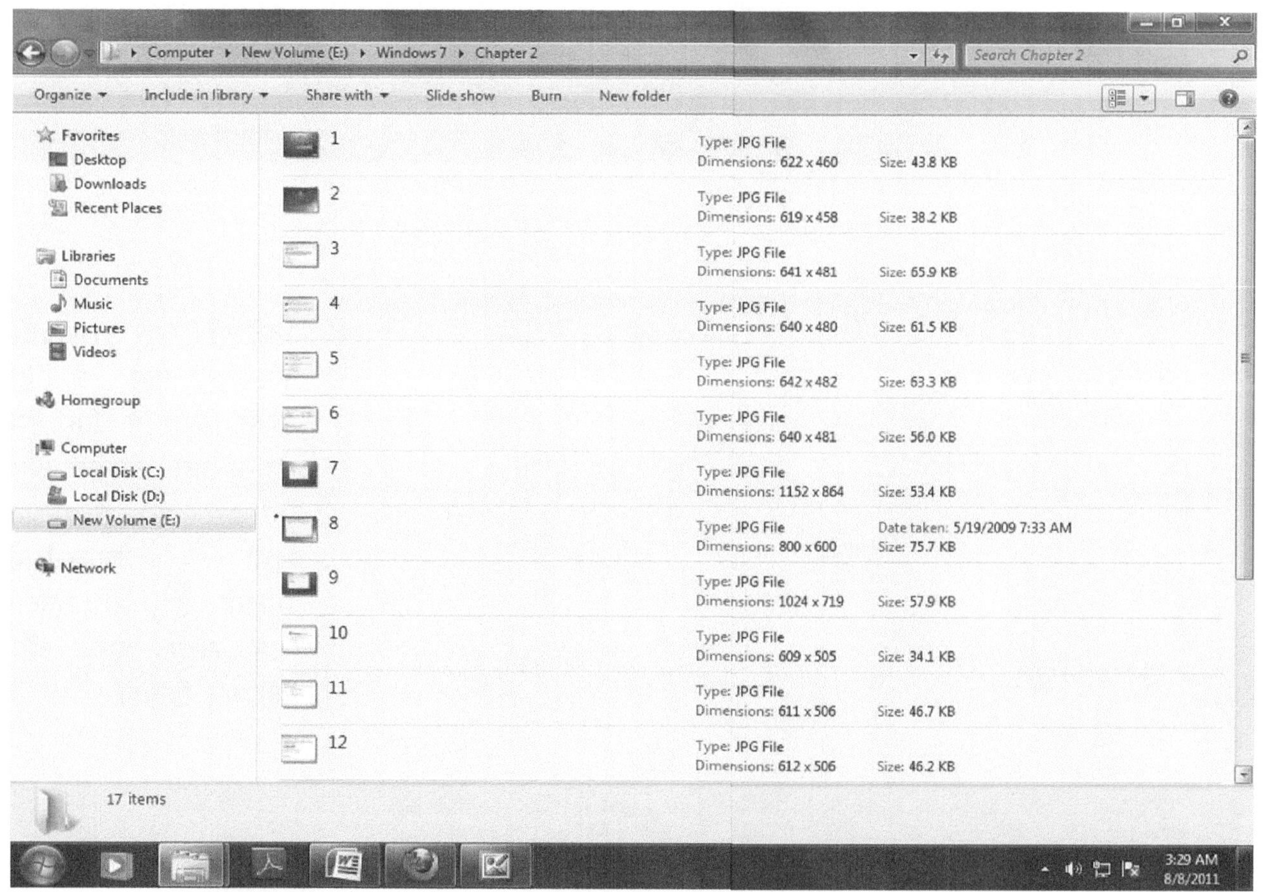

कंटेंट व्यू

टाइल्स व्यू (Tiles View): इस व्यू में फाइल्स तथा फोल्डर्स के आइकॉन कंटेंट व्यू की तुलना में बड़े दिखायी देते हैं। इस व्यू में फाइल्स और फोल्डर्स के नाम, आकार और प्रकार भी दिखायी देते हैं।

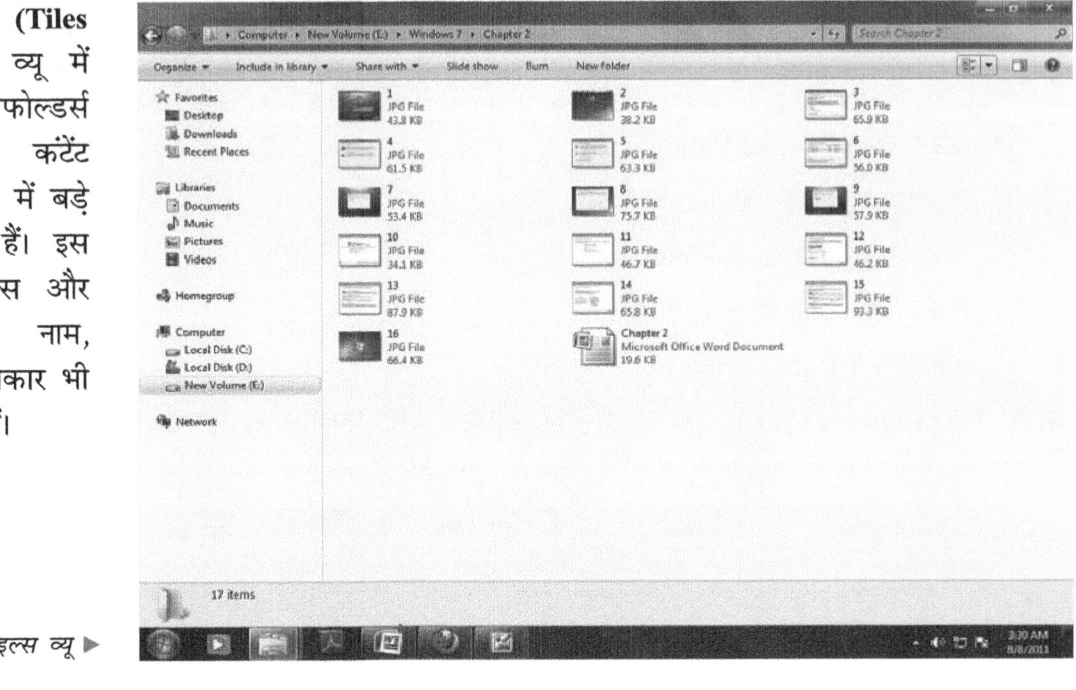

टाइल्स व्यू ▶

डिटेल्स व्यू (Details View): नाम से ही स्पष्ट होता है कि इस व्यू में हमें फाइल्स और फोल्डर्स से सम्बन्धित सभी जानकारियाँ मिलती हैं जैसे उनका नाम, टाइप, साइज और संशोधन दिनांक।

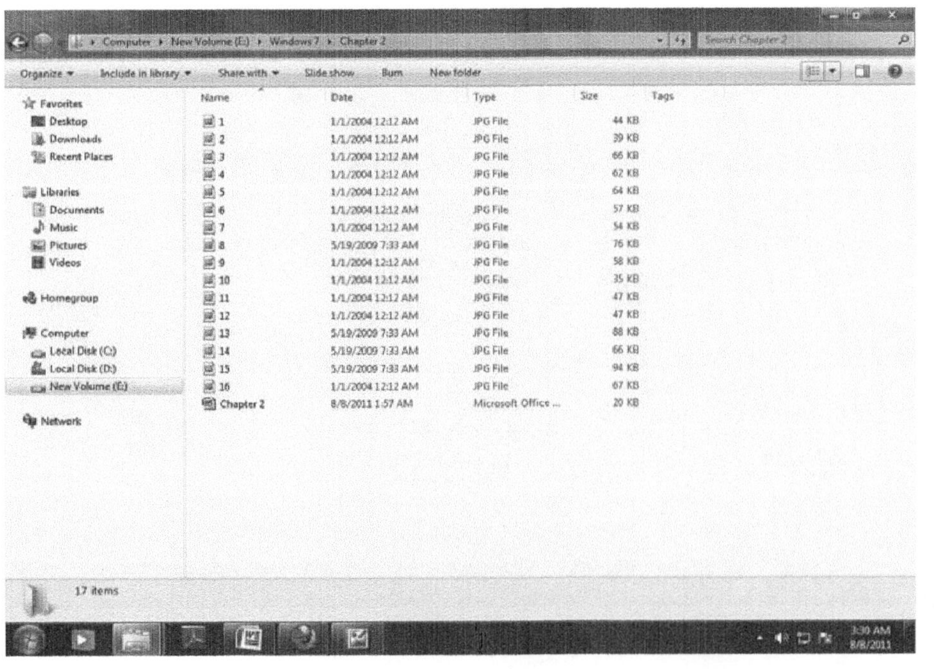

◀ डिटेल्स व्यू

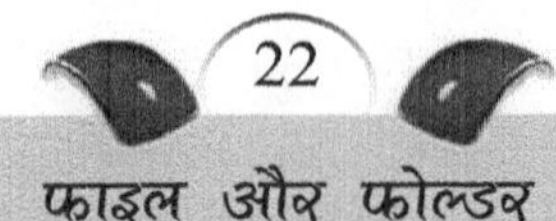

लिस्ट व्यू (List View): यह व्यू तब कारगर साबित होता है जब आपके फोल्डर में कई फाइल्स हों तथा उन्हें कंटेट, लिस्ट या किसी अन्य व्यू में देखना संभव न हो पा रहा हो। इस व्यू में फाइल्स और फोल्डर्स एक छोटे आइकॉन के रूप में केवल अपने नाम के साथ प्रदर्शित होते हैं।

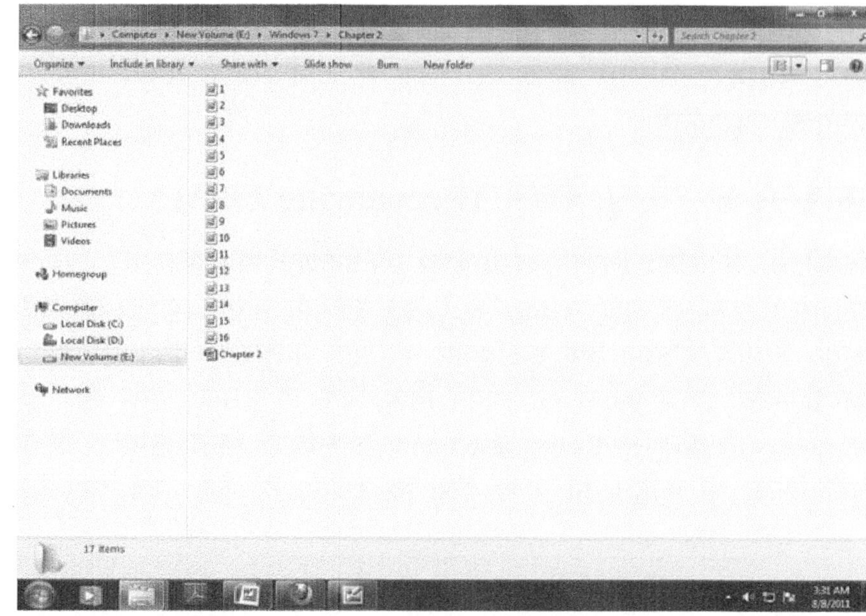

लिस्ट व्यू ▶

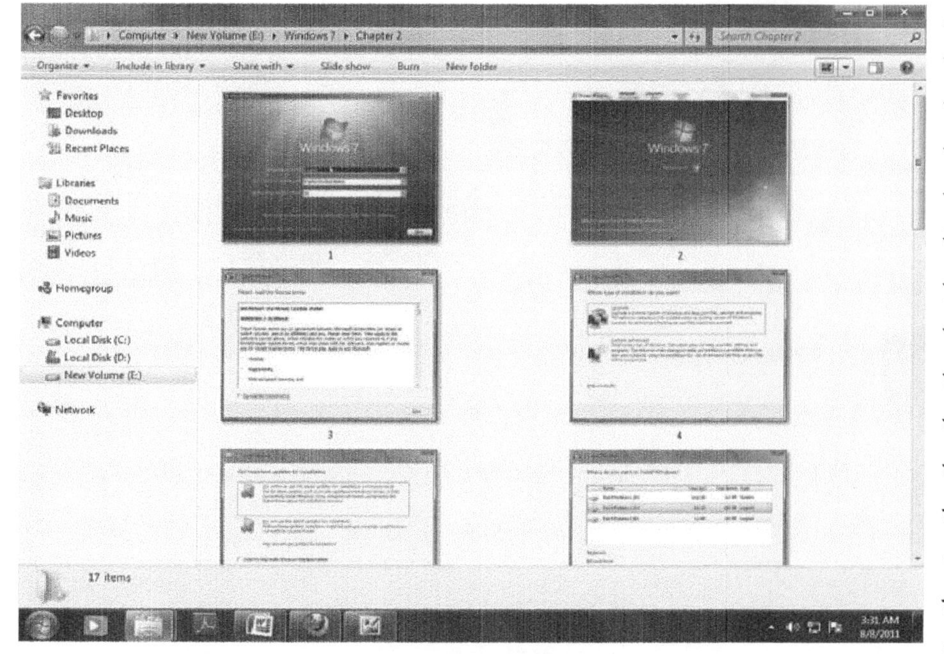

एक्स्ट्रा लार्ज आइकॉन्स व्यू

आइकॉन व्यू (Icon View): इस व्यू में फाइल्स और फोल्डर्स स्टैण्डर्ड आइकॉन्स के साथ प्रदर्शित होते हैं जिसके नीचे उनका नाम दिखायी देता है। विंडोज 7 में कुल चार प्रकार के आइकॉन व्यू प्रदान किये गये हैं। छोटे आइकॉन्स के लिए 'Small Icons' व्यू, मध्यम आकार के आइकॉन्स के लिए 'Medium Icons' व्यू, बड़े आइकॉन्स के लिए 'Large Icons' व्यू और सबसे बड़े आइकॉन्स के लिए 'Extra Large Icons' व्यू।

इन व्यूज को हम दो प्रकार से चुन सकते हैं। विंडोज एक्सप्लोरर में व्यू लिस्ट से इनका चयन कीजिए या फिर विंडोज एबसप्लोरर के अन्दर माउस से दायाँ क्लिक करके ओपन मेन्यू से 'Views' सबमेन्यू से भी उपयुक्त व्यू चुनिये।

फाइल का प्रीव्यू देखना (Previewing Files)

किसी भी ऑपरेटिंग सिस्टम या सामान्य एप्लीकेशन सॉफ्टवेयर में प्रीव्यू फीचर काफी उपयोगी होता है। इस फीचर से हमें यह पता चलता कि किसी टूल या कमांड का प्रयोग करने पर हमारा कंटेंट कैसे प्रभावित होगा। विंडोज एक्सपी तक इस प्रकार का एक फीचर था फिल्मस्ट्रिप व्यू (FilmStrip View) जिस प्रयोग करके किसी इमेज फाइल को ओपन किये बिना ही उसका प्रीव्यू देखा जा सकता था। इस व्यू की तर्ज पर ही विंडोज 7 प्रीव्यू पेन (Preview Pane) सम्मिलित किया गया है जिसका प्रयोग करके इमेज फाइल ही नहीं किसी भी फाइल का प्रीव्यू देखा जा सकता है, जैसे, जब आप किसी पीडीएफ फाइल के आइकॉन

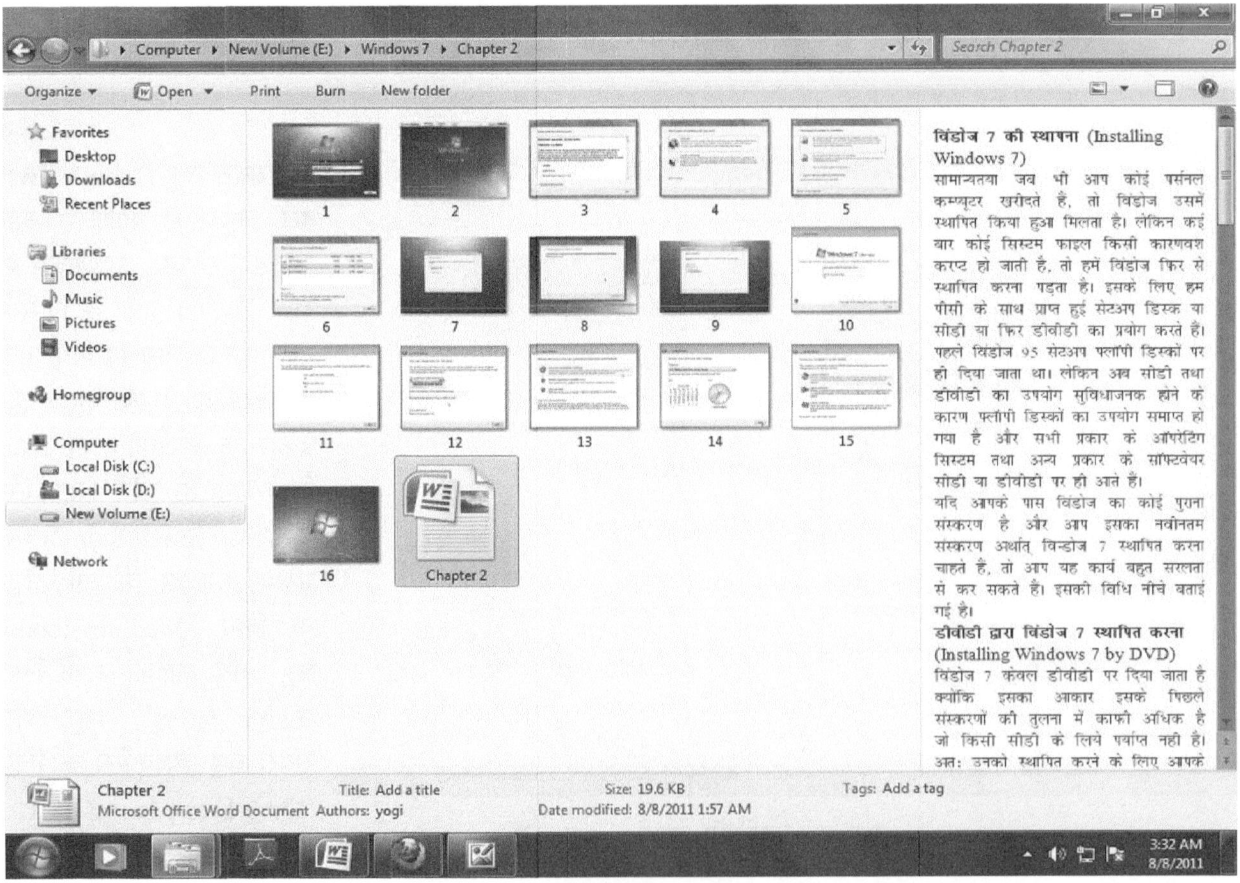

प्रीव्यू पेन

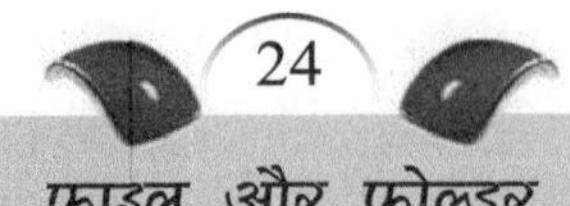

का चयन करेंगे तो प्रीव्यू पेन में आपके लिए वह फाइल लघु रूप में ओपन हो जायेगी, जिसे देखकर आपको पता चल जायेगा कि उस फाइल के अन्दर क्या है।

आप निम्न चरणों का अनुसरण करके प्रीव्यू पेन को सक्रिय कर सकते हैं:

- विंडोज एक्सप्लोरर ओपन कीजिए।
- 'Organize' पर क्लिक कीजिए और 'Layout' पर जाइये।
- ओपन सबमेन्यू से 'Preview Pane' पर क्लिक कर उसे सक्रिय कीजिए या फिर विंडोज एक्प्लोरर में दायीं ओर शीर्ष में 'Views' मेन्यू के बाद दी गयी प्रीव्यू पेन बटन पर क्लिक कीजिए।
- ऐसा करते ही चित्रानुसार प्रीव्यू पेन ओपन हो जायेगा। इसके बाद जब भी आप किसी फाइल का चयन करेंगे, तो उसका प्रीव्यू आपको इस प्रीव्यू पैन में दिखायी देगा।

फाइल्स या फोल्डर को डिलीट करना (Deleting Files and Folders)

जिसका निर्माण किया जाता है उसे डिलीट भी किया जा सकता है। अगर आपको किसी फाइल या फोल्डर की आवश्यकता अब नहीं रह गयी है तो उन अनावश्यक फाइल्स या फोल्डर्स को विंडोज में बड़ी ही सरलता से डिलीट भी कर सकते हैं। अगर आप किसी फाइल या फोल्डर को डिलीट करना चाहते हैं तो निम्न चरणों का अनुसरण कीजिए:

- जिस फाइल या फोल्डर को डिलीट करना चाहते हैं उस पर क्लिक करके उसका चयन कीजिए।
- विंडोज 7 में किसी फाइल या फोल्डर को तीन प्रकार से डिलीट किया जा सकता है। पहला, कीबोर्ड से डिलीट (Delete) कुंजी दबाकर। दूसरा, आइकॉन पर माउस से दायाँ क्लिक करने पर ओपन हुए शॉर्टकट मेन्यू 'Delete' का चयन करके और तीसरा, 'Organize' से 'Delete' पर क्लिक करके।
- इन तीनों विकल्पों में से किसी भी विकल्प का उपयोग करके फाइल या फोल्डर को डिलीट किया जा सकता है जिसके बाद एक कंफर्मेशन डायलॉग बॉक्स प्रदर्शित होगा, जिसमें 'yes' पर क्लिक करके आप उस फाइल या फोल्डर को डिलीट कर सकते हैं।

नोटः इन विकल्पों का प्रयोग करने पर फाइल या फोल्डर तो हो जायेंगे लेकिन स्थायी तौर पर नहीं। ये अस्थायी तौर पर डिलीट होकर रिसाइकिल बिन में पहुँच जाती हैं ताकि अगर भविष्य में कभी भी आपको इनका प्रयोग करना हो तो इन्हें रिसाइकिल बिन से एक्सेस किया जा सके। यदि आप इन फाइल्स का प्रयोग बिल्कुल भी नहीं करना चाहते हैं तो इन्हें रिसाइकिल बिन से ही डिलीट किया जा सकता है। अगर आप इन फाइल्स या फोल्डर्स को परमानेंट डिलीट करना चाहते हैं तो फाइल या फोल्डर का चयन करने के बाद कीबोर्ड शॉर्टकट के रूप में 'Shift+Delete' का प्रयोग कीजिए।

रिसाइकिल बिन से फाइल को डिलीट करना (Deleting Files from Recycle Bin)

कम्प्यूटर के लिए प्रत्येक ड्राइव का 10 प्रतिशत स्पेस रिसाइकिल बिन के लिए आरक्षित होता है यानी अगर डी ड्राइव का कुल स्पेस 50 जीबी है तो आप उसमें 5 जीबी तक का डाटा डिलीट करके रिसाइकिल बिन में रख सकते हैं (जिसे अपनी आवश्यकतानुसार बढ़ाया भी जा सकता है)। अगर आप रिसाइकिल बिन से फाइल्स डिलीट करना चाहते हैं तो निम्न चरणों का अनुसरण कीजिए:

- रिसाइकिल बिन ओपन कीजिए। विंडो ओपन होने के बाद जिस भी फाइल को डिलीट करना चाहते हैं, उस पर क्लिक करके 'Delete' कुंजी दबाइये और कंफर्मेशन बॉक्स ओपन में 'Yes' पर क्लिक कीजिए। वह फाइल हमेशा के लिए डिलीट हो जायेगी।
- अगर आप पूरी रिसाइकिल बिन को खाली करना चाहते हैं, तो 'Empty the Recycle Bin' पर क्लिक कीजिए और कंफर्मेशन बॉक्स में 'Yes' पर क्लिक कीजिए।

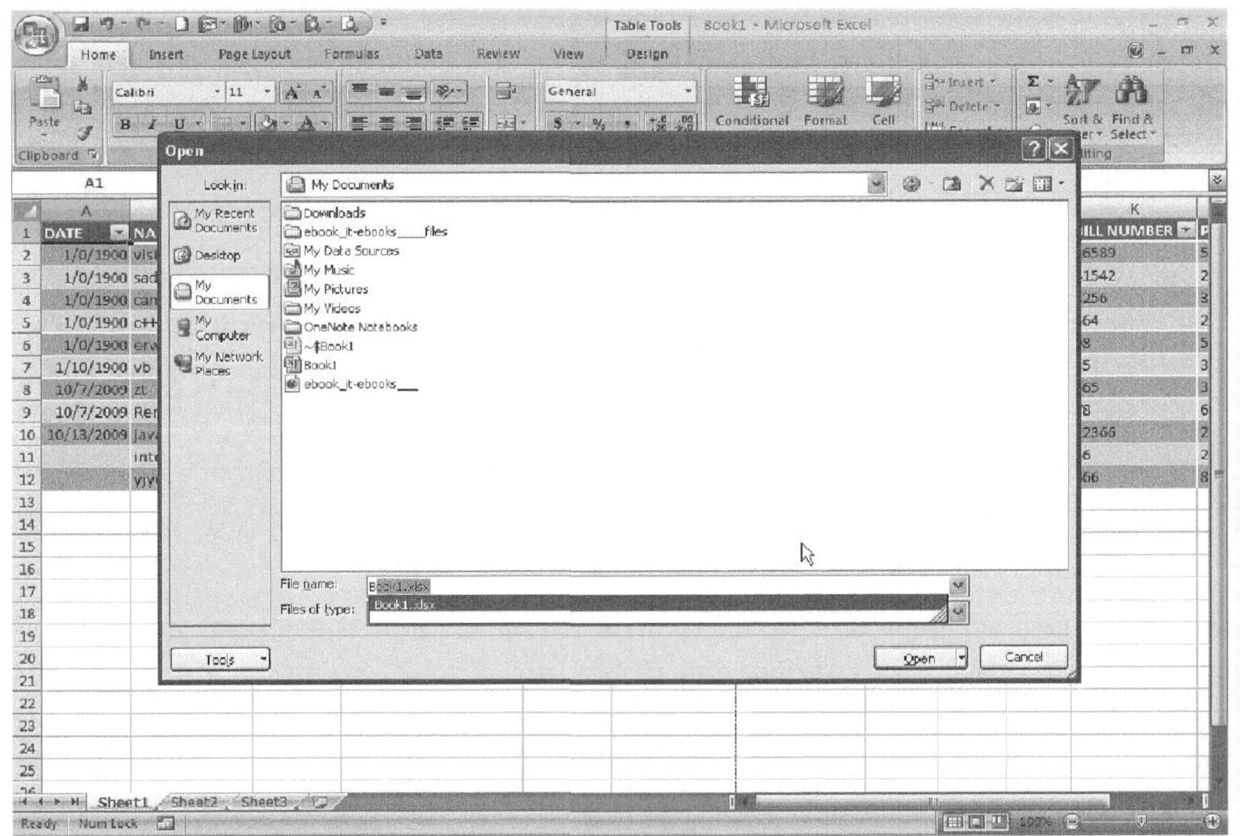

रिसाइकिल बिन

फाइलों तथा फोल्डरों को ढूँढ़ना (Searching Files and Folders)

कम्प्यूटर पर कार्य करते हुए हम कई फाइल्स और फोल्डर्स बनाते रहते हैं जो कम्प्यूटर की अलग-अलग ड्राइव्स और अलग-अलग फोल्डर्स के अन्दर स्टोर हो सकती हैं। अगर स्टोर फाइल्स या फोल्डर्स की संख्या कम है तब तो आप अपनी इच्छानुसार फाइल्स और फोल्डर्स को बड़ा आसानी से खोज सकते हैं लेकिन यदि ड्राइव में हजारों फाइल्स मौजूद हों तो। ऐसी स्थिति में इच्छित फाइल या फोल्डर को खोजना कुछ मुश्किल हो जाता है। कई बार तो फाइल्स का नाम तक याद रखना कठिन होता है। इसलिए विंडोज गूगल सर्च इंजिन की तरह सर्च टूल प्रदान करता है ताकि आपको एक-एक फोल्डर ओपन करके अपनी फाइल न खोजना पड़े। यह टूल विंडोज के स्टार्ट मेन्यू में 'Search' नाम से दिया जाता है। विंडोज 7 में इच्छित फाइल को दो प्रकार से खोजा जा सकता है।

पहला तरीका:

1. अगर आपको यह पता न हो कि फाइल कम्प्यूटर में किस स्थान पर है तो स्टार्ट बटन क्लिक कीजिए और स्टार्ट मेन्यू ओपन कीजिए।
2. ओपन मेन्यू में सबसे नीचे सर्च बॉक्स दिया गया होगा, इसमें अपनी फाइल का नाम टाइप कीजिए। नाम टाइप करते ही सम्बन्धित नाम वाली फाइल के आइकॉन ऊपर की ओर प्रदर्शित होने शुरू हो जायेंगे। जैसे ही वह फाइल प्रदर्शित हो जिसे आप खोज रहे थे उस पर क्लिक कीजिए और फाइल ओपन कर लीजिए।

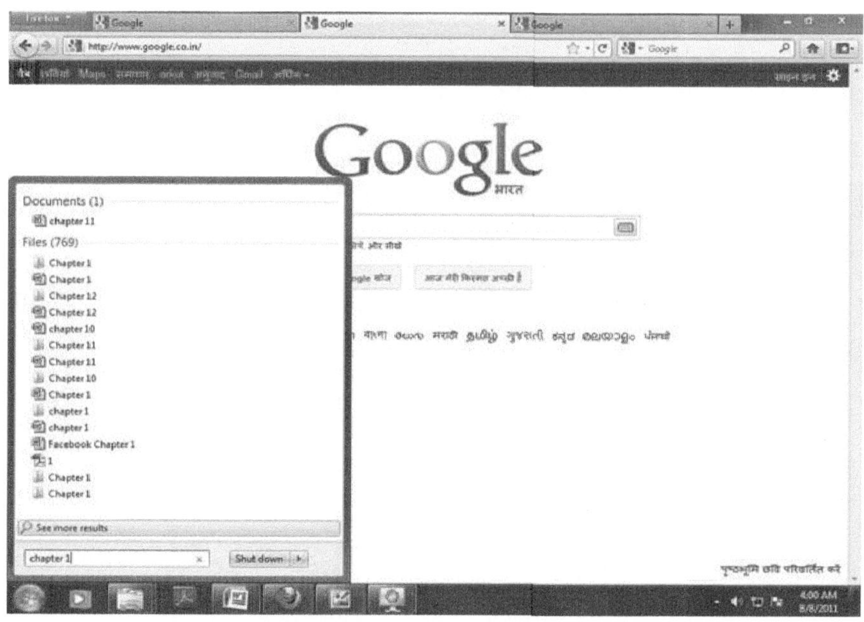

दूसरा तरीकाः

1. अगर आपको पता है कि आपकी फाइल किस फोल्डर में है लेकिन उसे खोज नहीं पा रहे हैं तो उस फोल्डर को ओपन कीजिए।
2. विंडोज एक्सप्लोरर में शीर्ष-दायीं ओर एक सर्च बॉक्स दिया गया होगा। यहाँ उस फाइल का नाम टाइप कीजिए जिसे आप खोजना चाहते हैं। विंडोज एक्सप्लोरर सभी संभावित फाइल्स की एक लिस्ट प्रदर्शित करने लगेगा। विंडोज एक्सप्लोरर (Windows Explorar) द्वारा विंडो की दायीं ओर शीर्ष

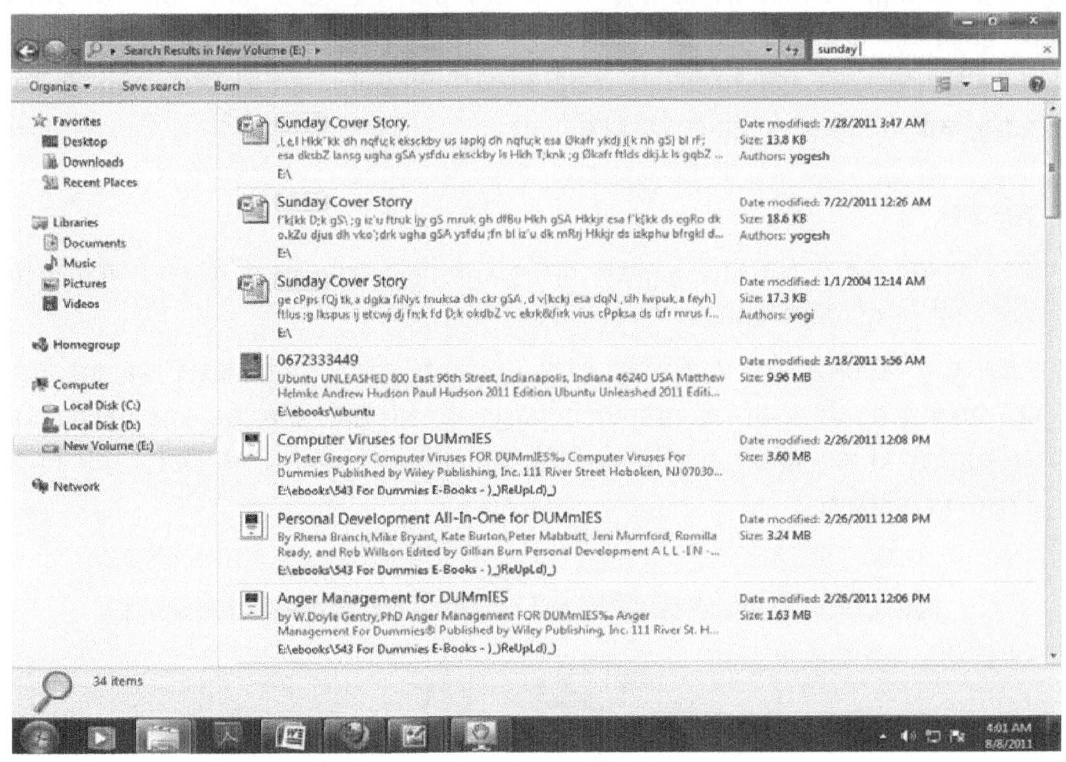

पर प्रदान किये गये सर्च बॉक्स पर फाइल का संभावित नाम टाइप कीजिए। ऐसा करते ही विंडोज एक्सप्लोरर सभी संभावित फाइल्स की एक लिस्ट प्रदर्शित करने लगेगा।

अध्याय– 3

विंडोज 7 साथ के साथ कुछ अतिरिक्त (Windows 7 : Something Extra)

डेस्कटॉप पर कार्य करना (Working on Desktop)

माइक्रोसॉफ्ट ने पर्सनल कम्प्यूटर यूज़र्स को बेहतर ऑपरेटिंग सिस्टम प्रदान करने के लिये समय-समय पर विंडोज में कई प्रकार के परिवर्तन किये। ऐसा ही एक परिवर्तन माइक्रोसॉफ्ट ने विंडोज विस्टा में किया था उसके लुक को विंडोज एक्सपी की तुलना में बेहतर बनाकर। विंडोज 7 में इस नये इंटरफेस को और भी बेहतर बनाया गया, जिनके बारे में आप इस अध्याय में जानेंगे विशेषकर विंडोज 7 के डेस्कटॉप और उसके फीचर्स के बारे में।

विंडोज गैजेट्स (Windows Gadgets)

विंडोज विस्टा में जोड़े गये कई फीचर्स में से एक था विजिट इंजिन (Widget Engine)। यह एक प्रकार का साइड बार था जिसमें कई प्रकार के गैजेट्स का प्रयोग किया जा सकता था। विंडोज 7 में इस इंजिन को हटा दिया गया लेकिन गैजेट्स को स्वतंत्र रूप से प्रदान किया गया यानी आप विंडोज 7 में भी विंडोज के इन गैजेट्स का प्रयोग कर सकते हैं। ये गैजेट्स कुछ विशेष प्रकार के टूल्स या सॉफ्टवेयर हैं जिनका प्रयोग आप निर्धारित कार्य पूरा करने के लिए कर सकते हैं।

आप निम्न प्रकार से अपने कम्प्यूटर में गैजेट्स जोड़ सकते हैं:

1. स्टार्ट बटन पर क्लिक कीजिए। स्टार्ट मेन्यू ओपन होगा।
2. कंट्रोल पैनेल पर क्लिक करके कंट्रोल पैनल विंडो को ओपन कीजिए।
3. कंट्रोल पैनेल विंडो में Appearance and Personalization वर्ग पर क्लिक कीजिए। Appearance and Personalization विंडो ओपन हो जायेगी।
4. ओपन विंडो में Desktop Gadgets वर्ग में Add gadgets to the desktop पर क्लिक कीजिए।

विंडोज गैजेट्स ▶

5. ऐसा करते ही Desktop gadgets डायलॉग बॉक्स ओपन होगा। इसमें मौजूद गैजेट्स में से उपयुक्त गैजेट पर माउस से डबल क्लिक कीजिए या फिर दायाँ क्लिक करके ओपन मेन्यू से Add पर क्लिक कीजिए।

6. ऐसा करते ही चुना गया गैजेट डेस्कटॉप में दायीं ओर प्रदर्शित होने लगेगा।

नोट: आप डेस्कटॉप पर माउस से दायाँ क्लिक करके भी गैजेट डायलॉग बॉक्स को ओपन कर सकते हैं।

गैजेट्स को कस्टमाइज करना (Customizing Gadgets)

गैजेट को अपने डेस्कटॉप पर स्थापित बस करने का अर्थ यह नहीं कि वह तुरंत ही आपकी इच्छानुसार कार्य करने लगेगा। सभी गैजेट्स की कुछ डिफॉल्ट सेटिंग्स होती हैं जिसके अनुसार ही वे कार्य करते हैं। उदाहरण के लिए, यदि आपने 'Weather' गैजेट का प्रयोग किया है, तो यह अपनी डिफॉल्ट सेटिंग के कारण न्यूयॉर्क सिटी के मौसम का हाल बताएगा। ऐसी स्थिति में यदि आप दिल्ली या मुंबई के तापमान और मौसम के बारे में जानना चाहते हैं, तो आपको इसे कस्टमाइज करना होगा। इसी प्रकार से क्लॉक गैजेट भी डिफॉल्ट सेटिंग पर कार्य करता है, जिसे आप अपनी आवश्यकतानुसार कस्टमाइज करके इच्छित प्रारूप आदि में परिवर्तित कर सकते हैं। क्लॉक गैजेट को निम्न प्रकार से परिवर्तित किया जा सकता है:

1. 'Clock' गैजेट पर कर्सर ले जाइये, ऐसा करते ही आपको तीन बटन्स दिखायी देंगी। ये बटनें निम्न प्रकार से कार्य करती हैं –
   - **Close Button:** इस पर क्लिक करने से यह गैजेट बंद हो जायेगा।
   - **Options Button:** इस पर क्लिक करके गैजेट्स को संशोधित किया जा सकता है।
   - **Drag Button:** यह बटन गैजेट को ड्रैग करने के लिए है।
2. दूसरे बटन पर क्लिक कीजिए। ऐसा करते ही चित्रानुसार डायलॉग बॉक्स ओपन हो जायेगा।
3. इस डायलॉग बॉक्स में आपको घड़ी के 8 डिफॉल्ट स्टाइल्स मिलेंगे। अपनी इच्छानुसार किसी भी एक स्टाइल का चयन कीजिए। इसके अलावा टाइम ज़ोन का चयन कर सकते हैं और घड़ी को नाम भी दे सकते हैं। शुरुआत में स्थापित की गयी घड़ी डिफॉल्ट रूप से, सेकण्ड का कांटा नहीं प्रदर्शित किया गया है, लेकिन यदि आप इसे प्रदर्शित करना चाहते हैं, तो 'Show the Second Hand' चेकबॉक्स को सक्रिय कीजिए।

क्लॉक ऑप्शन डायलॉग बॉक्स ▶

विंडोज 7 में वैसे तो डिफॉल्ट रूप से 9 गैजेट्स उपलब्ध करवाए गयें है लेकिन गैजेट्स की यह सुविधा इन तक ही सीमित नहीं है। आप अपनी इच्छानुसार माइक्रोसॉफ्ट की वेबसाइट से कई दूसरे गैजेट्स भी डाउनलोड कर सकते हैं। किसी गैजेट को डाउनलोड करने के लिए आपके कम्प्यूटर में इंटरनेट कनेक्शन होना चाहिए। गैजेट डाउनलोड करने के लिये कंट्रोल पैनल से Desktop gadgets डायलॉग बॉक्स पर जाइये और उसमें 'Get more gadgets online' लिंक पर क्लिक कीजिए। ऐसा करते ही आप विंडोज गैजेट्स की गैलरी में पहुँच जायेंगे, जहाँ पर आप आप अपनी इच्छानुसार विभिन्न वर्गों से उचित गैजेट का चयन कर सकते हैं।

बैकग्राउंड को कस्टमाइज करना (Customize the Background)

कम्प्यूटिंग में हम बैकग्राउण्ड शब्द का प्रयोग प्रायः कम करते हैं जबकि वॉलपेपर की चर्चा अक्सर होती है। वॉलपेपर भी एक प्रकार का बैकग्राउण्ड ही है अर्थात् कम्प्यूटिंग का वह भाग या इमेज जो कम्प्यूटर स्क्रीन के पिछले भाग में प्रदर्शित होता है। विंडोज 7 में वैसे तो डिफॉल्ट रूप से कई बैकग्राउण्ड प्रदान किये गये हैं लेकिन आप अपनी इच्छानुसार अपनी निजी तस्वीरों या वर्ल्ड वाइड वेब से डाउनलोड किये गये पिक्चर्स को भी बैकग्राउण्ड के रूप में उपयोग कर सकते हैं। इसके अलावा विंडोज 7 में कई अलग-अलग पिक्चर्स को भी एक साथ चुना जा सकता है, जो समय-समय पर बदलकर आपको अलग-अलग बैकग्राउण्ड प्रदान करती हैं। अपने कम्प्यूटर का डेस्कटॉप बैकग्राउंड परिवर्तित करने के लिए आप निम्न कार्य कर सकते हैं:

1. कंट्रोल पैनेल ओपन कीजिए और उसके 'Appearance and Personalization' वर्ग से 'Personalization' का चयन कीजिए। शॉर्टकट के रूप में आप डेस्कटॉप पर माउस से दायाँ क्लिक करके 'Personalize' का भी चयन कर सकते हैं।
2. ऐसा करते ही 'Personalization' विंडो ओपन हो जायेगी। इसमें 'Desktop Background' पर क्लिक कीजिए। ओपन विंडो में आपको निम्न विकल्प मिलेंगे:
   - **Picture Location:** यह एक ड्रॉप डाउन लिस्ट है जिससे डिफॉल्ट पिक्चर एल्बम का चयन किया जा सकता है यानी यह चुना जा सकता है कि बैकग्राउण्ड के लिए चुनी जानी वाली पिक्चर्स को कहाँ से लेना है जैसे विंडोज डेस्कटॉप बैकग्राउंड,

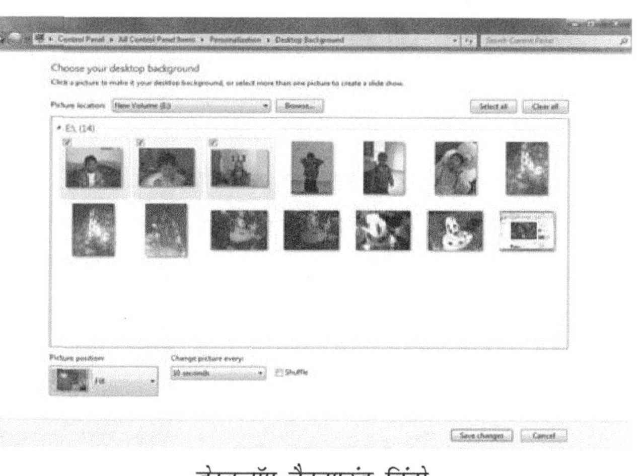

डेस्कटॉप बैकग्राउंड विंडो

पिक्चर लाइब्रेरी आदि या फिर आपके कम्प्यूटर को अन्य फोल्डर फोटो एल्बम। फोटो एल्बम का चयन करने के बाद आपको पिक्चर बॉक्स के उस एल्बम के पिक्चर दिखायी देंगे। इच्छित पिक्चर का चयन कीजिए। चयन करते ही आपको उस पिक्चर का प्रीव्यू डेस्कटॉप के बैकग्राउंड में दिखायी देने लगेगा। अगर आप पिक्चर एल्बम में एक से ज्यादा पिक्चर्स का चयन करना चाहते हैं तो इच्छित तस्वीरों पर दिये गये चेकबॉक्सों को सक्रिय कीजिए। अगर सारी पिक्चर्स का चयन करना है तो 'Select all' पर क्लिक कीजिए।

- **Picture Position:** इस लिस्ट से डेस्कटॉप बैंकग्राउंड में पिक्चर की स्थिति निर्धारित किया जा सकता है। इससे आप यह चुन सकते हैं कि पिक्चर डेस्कटॉप के बीच स्थित होगी या छोटी-छोटी टाइल्स में या फिर पूरी स्क्रीन पर।

- **Change Picture Every:** इस ड्रॉप डाउन बॉक्स से आप यह चयन कर सकते हैं कि पिक्चर्स कितनी-कितनी देर में बदलेंगी।

3. अपनी इच्छानुसार सेटिंग्स कर लेने के बाद 'Save Changes' पर क्लिक कीजिए।

स्क्रीनसेवर (Screensaver)

सबसे पहले तो आप यह जान लें कि स्क्रीनसेवर कोई ऐसा प्रोग्राम नहीं है जो आपकी कम्प्यूटर स्क्रीन या फिर बिजली की बचत करता हो। यह एक कम्प्यूटर प्रोग्राम है जो तब कार्य करता है जब एक निश्चित समय के बाद आपका कम्प्यूटर खाली हो। जब हम अपने कम्प्यूटर का प्रयोग करते हैं तो उसके सीआरटी मॉनीटर की स्क्रीन कुछ फॉस्फर बर्न होता है। इसी प्रकार से दूसरी मॉनीटर स्क्रीन्स में भी बर्न-इन होती है जिनसे कम्प्यूटर स्क्रीन को नुकसान पहुँच सकता है। स्क्रीनसेवर इस प्रकार की बर्न इन से स्क्रीन को बचाता है। स्क्रीनसेवर के रूप में विंडोज में डिफॉल्ट रूप से

स्क्रीन सेवर डायलॉग बॉक्स

कुछ चलते फिरते चित्र स्टोर रहते हैं, हालांकि आप वर्ल्ड वाइड वेब से अपनी इच्छानुसार स्क्रीनसेवर भी डाउनलोड कर सकते हैं।

विंडोज 7 में आप निम्न प्रकार से स्क्रीनसेवर का चयन कर सकते हैं:

1. कंट्रोल पैनेल ओपन कीजिए और उसके 'Appearance and Personalization' वर्ग से 'Personalization' का चयन कीजिए। शॉर्टकट के रूप में आप डेस्कटॉप पर माउस से दायाँ क्लिक करके 'Personalize' का भी चयन कर सकते हैं।
2. ऐसा करते ही 'Personalization' विंडो ओपन हो जायेगी। इसमें 'Screen Saver' पर क्लिक कीजिए। ओपन विंडो में आपको निम्न विकल्प मिलेंगे:
   - **Screen saver:** इस ड्रॉप डाउन लिस्ट से उपयुक्त स्क्रीनसेवर चुनिये।
   - **Settings:** इस पुश बटन का प्रयोग चुने गये स्क्रीनसेवर में परिवर्तन करने के लिए किया जाता है। उदाहरण के लिए, यदि आपने '3D Text' स्क्रीनसेवर का चयन किया है, तो इस बटन पर क्लिक करने पर ओपन हुए डायलॉग बॉक्स से आप अपनी इच्छानुसार टेक्स्ट टाइप कर सकते हैं जो आपको फिर स्क्रीनसेवर के स्थान पर दिखायी देगा।
   - **Preview:** अगर आप चयनित स्क्रीनसेवर का प्रीव्यू देखना चाहते हैं तो इस बटन पर क्लिक कीजिए।
   - **Wait:** यह एक स्पिनर बॉक्स है जिसमें दिये गये टाइम के अनुसार ही स्क्रीनसेवर सक्रिय होगा। यानी अगर आपने इसमें 5 मिनट चुना है तो कम्प्यूटर के 5 मिनट तक खाली रहने के बाद स्क्रीनसेवर शुरू होगा।
3. सभी सेटिंग्स होने के बाद 'OK' पर क्लिक कीजिए।

साउंड्स सेट करना (Setting up Sounds)

विंडोज एक्सपी का उपयोग करते समय आपने ध्यान दिया होगा कि जब भी आप कम्प्यूटर शुरू या बंद करते हैं या फिर जब कम्प्यूटर में कुछ विशिष्ट घटित होता है तो कम्प्यूटर से कुछ आवाज निकलती है। विंडोज में विभिन्न प्रकार के इवेन्ट्स के लिए कुछ साउंड इफेक्ट्स निर्धारित किये गये हैं जैसे, लॉग-ऑन या लॉग-ऑफ, अलर्ट, स्टार्ट अप या शट डाउन, कोई ऐरर आदि पर एक पूर्वनिर्धारित साउण्ड बजता है। विंडोज 7 में इन साउण्ड इफेक्ट्स की सेटिंग करना काफी सरल है, बस निम्न चरणों का अनुसरण कीजिए:

1. कंट्रोल पैनेल ओपन कीजिए और उसके 'Appearance and Personalization' वर्ग से 'Personalization' का चयन कीजिए। शॉर्टकट के रूप में आप डेस्कटॉप पर माउस से दायाँ क्लिक करके 'Personalize' का भी चयन कर सकते हैं।

2. ऐसा करते ही 'Personalization' विंडो ओपन हो जायेगी। इसमें 'Sounds' पर क्लिक कीजिए। ऐसा करते ही 'Sound' डायलॉग बॉक्स ओपन हो जायेगा। इस डायलॉग बॉक्स में डिफॉल्ट रूप से 'Sound' टैब प्रदर्शित होता है जिसमें आपको निम्न विकल्प मिलते हैं:

- **Sound Scheme:** साउंड स्कीम ड्रॉप-डाउन लिस्ट साउंड्स की डिफॉल्ट सेटिंग्स का चयन करने के लिए है। अगर आपने साउण्ड स्कीम में कुछ संशोधन किया है तो 'Save As' पर क्लिक करके उसे पृथक् रूप से सेव भी किया जा सकता है।
- **Program Events:** इस लिस्ट बॉक्स में आपको पता चलेगा कि विंडोज 7 में घटित होने वाले किस-किस इवेन्ट के लिए कौन से साउंड का प्रयोग किया जा रहा है। उचित इवेन्ट को चुनिये और 'Test' बटन पर क्लिक करके सेट साउंड सुनिये।
- **Sounds:** इस ड्रॉप-डाउन लिस्ट से किसी इवेन्ट के लिए अपनी इच्छानुसार कोई दूसरा साउंड चुनिये और उसे सुनने के लिए 'Test' बटन पर क्लिक कीजिए।

3. उपयुक्त सेटिंग के बाद 'OK' बटन पर क्लिक कीजिए।

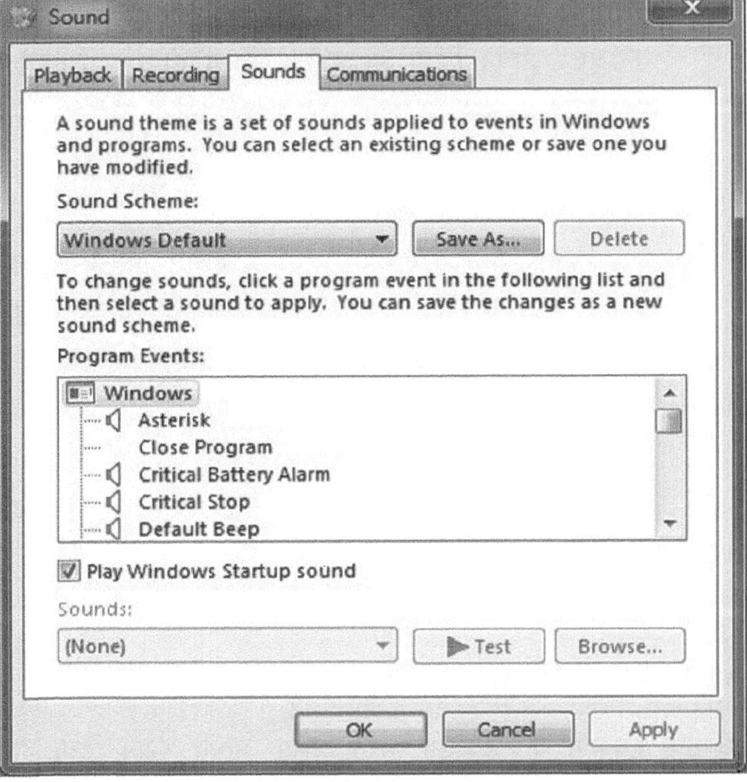

साउंड्स डायलॉग बॉक्स

रिजॉल्यूशन को सेट करना (Setting up Resolution)

कम्प्यूटर स्क्रीन में आपको जो कुछ-कुछ भी दिखायी देता है, उसका निर्माण कई छोटी-छोटी बिन्दुओं को मिलाकर किया जाता है। इन छोटी-छोटी बिन्दुओं को पिक्सल्स कहते हैं। कम्प्यूटर की स्क्रीन पर दिखायी देने वाले इन पिक्सल्स की संख्या से ही यह निर्धारित होता है कि हमें स्क्रीन पर कुछ कितना साफ दिखायी देगा। स्क्रीन की लम्बाई और चौड़ाई के अनुसार जितने भी पिक्सल्स दिखायी देते हैं, उन्हें एक साथ उस स्क्रीन का रिजॉल्यूशन कहते हैं जैसे '800x600' या '1366x768'। आप अपनी आवश्यकतानुसार और कम्प्यूटर की कंफिगरेशन के अनुसार इस रिजॉल्यूशन को बदल सकते हैं। इसके लिये कंट्रोल पैनेल

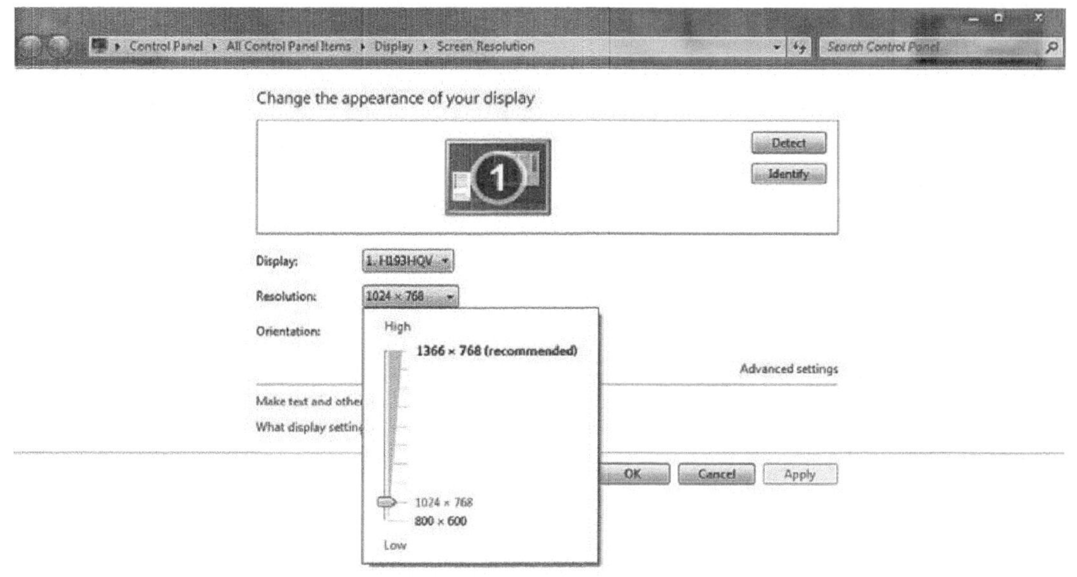

स्क्रीन रिजॉल्यूशन विन्डो

ओपन कीजिए और उसके 'Appearance and Personalization' वर्ग से 'Adjust screen resolution' का चयन कीजिए। शॉर्टकट के रूप में आप डेस्कटॉप पर माउस से दायाँ क्लिक करके 'Screen Resolution' का भी चयन कर सकते हैं। ओपन विंडो की 'Resolution' ड्रॉप-डाउन लिस्ट से उपयुक्त रिजॉल्यूशन का चयन कीजिए।

टास्कबार की सेटिंग बदलना (Changing Taskbar's Setting)

विंडोज ऑपरेटिंग सिस्टम लोड होने के बाद आपने हमेशा ही कम्प्यूटर स्क्रीन में निचली ओर एक स्ट्रिप देखी होगी, जहाँ सारे ओपन कम्प्यूटर प्रोग्राम्स रखे होते हैं जिन्हें हम अपनी आवश्यकतानुसार एक्सेस कर सकते हैं। जब हम किसी कम्प्यूटर प्रोग्राम को मिनीमाइज करते हैं तो उस प्रोग्राम की विंडो टास्कबार में ही जाकर रख जाती है जिस पर बाद में क्लिक करके उसे पुनः मैक्सीमाइज किया जा सकता है। इसके अतिरिक्त टास्कबार में कई अन्य फीचर्स भी प्रदान किये जाते हैं जैसे स्टार्ट बटन, टास्कबार बटन्स नोटिफिकेशन एरिया, ऐरो पीक बटन। विंडोज 7 में ऑपरेटिंग सिस्टम के कुछ डिफॉल्ट प्रोग्राम्स को भी टास्कबार में रखा गया है ताकि उनका प्रयोग करने के लिए आपको स्टार्ट मेन्यू में उन्हें खोजना न पड़े, बस टास्कबार में दिये गये उनके आइकॉन्स पर क्लिक कीजिए। अगर आपकी कम्प्यूटर स्क्रीन पर आपको टास्कबार नहीं दिखायी दे रहा है तो इसका अर्थ है कि उसे हाइड किया गया है, जिसे दोबारा देखने के लिए आपको माउस कर्सर टास्कबार की जगह पर ले जाना होगा। इसके अतिरिक्त टास्कबार की स्थिति को भी उसे स्क्रॉल करके परिवर्तित किया जा सकता है।

टास्कबार में किसी भी प्रकार के परिवर्तन के लिए निम्न चरणों का अनुसरण कीजिए:

1. Control Panel विंडो ओपन कीजिए और Taskbar & Start Menu के आइकॉन पर डबल-क्लिक करके Taskbar & Start Menu Properties डायलॉग बॉक्स ओपन कीजिए।
2. इस डायलाग बॉक्स में 'Taskbar' टैब को क्लिक कीजिए।

इस टैबशीट में टास्कबार में सेटिंग के लिए कुछ चेकबॉक्स (Check boxes) दिये जाते हैं। ये विकल्प निम्न प्रकार से कार्य करते हैं:

- **Lock the taskbar:** टास्कबार को एक नियत स्थान पर स्थापित करने के लिए। इसे सक्रिय करने से टास्कबार को किसी अन्य स्थान पर स्क्रॉल नहीं किया जा सकेगा और न ही उसका आकार बदल पायेगा।
- **Auto-hide the taskbar:** टास्कबार को स्वत: हाइड करने के लिये। ऐसी स्थिति में टास्कबार को पुन: देखने के लिए उस स्थान पर माउस कर्सर ले जाइये जहाँ टास्कबार था।
- **Use Small Icons:** टास्कबार में प्रदर्शित होने वाले आइकॉन्स को छोटे रूप में प्रदर्शित करने के लिए।
- **Taskbar Location on Screen:** इस ड्रॉप-डाउन मेन्यू से यह निर्धारित किया जा सकता है कि डेस्कटॉप पर टास्कबार किस ओर स्थापित होगा।
- **Taskbar Buttons:** इस ड्रॉप-डाउन मेन्यू से यह चयनित कीजिए कि टास्कबार की बटनें एक साथ सम्मिलित होंगी या फिर अलग-अलग।

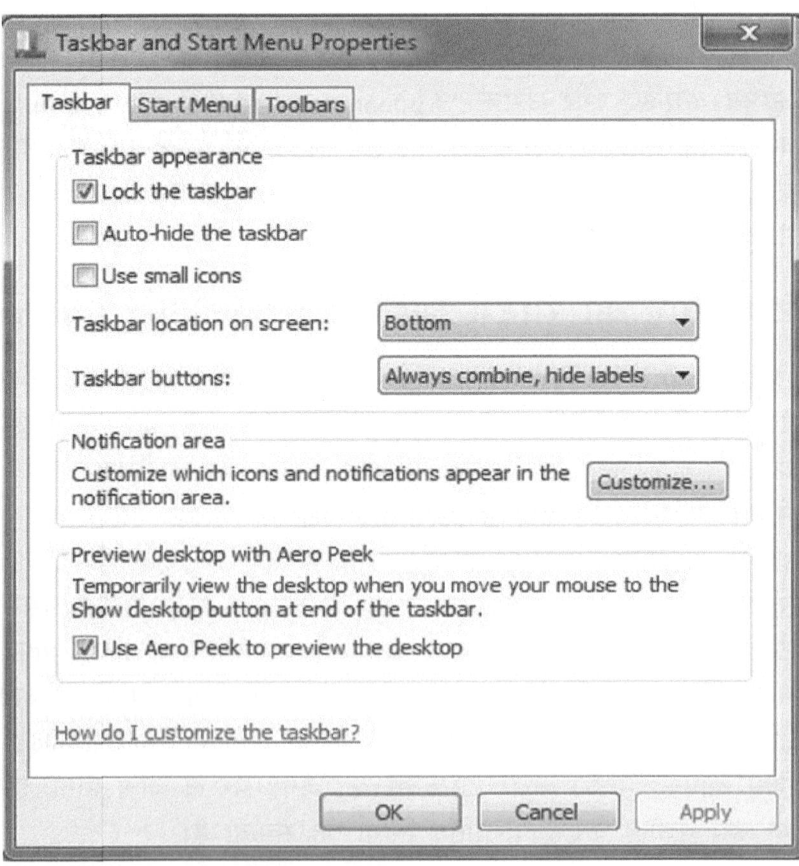

टास्कबार प्रॉपर्टीज डायलॉग बॉक्स

- **Notification Area:** इस क्षेत्र के 'Customize' बटन का प्रयोग करके आप टास्कबार के नोटिफिकेशन क्षेत्र को प्रबंधित कर सकते हैं।
- **Use Aero Peek to preview the desktop:** ऐरो पीक को सक्रिय तथा निष्क्रिय करने के लिए।

3. उपयुक्त विकल्पों को चुनने के बाद 'OK' पर क्लिक कीजिए।

स्टार्ट मेन्यू को कस्टमाइज करना (Customizing Start Menu)

आपके कम्प्यूटर में स्थापित किये गये सभी प्रोग्राम्स स्टार्ट मेन्यू में स्थित होते हैं जहाँ उसे उन्हें एक्सेस किया जा सकता है। अगर आपने विंडोज एक्सपी का प्रयोग किया है तो आप स्टार्ट मेन्यू के दो लुक, मॉडर्न और क्लासिक, के बारे में जानते होंगे। विंडोज 7 में क्लासिक लुक मौजूद नहीं है। इसका स्टार्ट मेन्यू दो भागों में विभाजित है। दायें भाग में डिफॉल्ट रूप से इंस्टॉल कस्टम प्रोग्राम्स हैं जैसे Document, Picture, Games, Control Panel, Default Programs आदि जबकि बायीं ओर उन प्रोग्राम्स की लिस्ट है जो कम्प्यूटर में इंस्टॉल किये जाते हैं या विंडोज 7 ऑपरेटिंग सिस्टम के साथ इंस्टॉल हुए हैं जैसे नोटपैड आदि।

स्टार्ट मेन्यू प्रॉपर्टीज डायलॉग बॉक्स

आप अपने स्टार्ट मेन्यू को निम्न प्रकार से कस्टमाइज किया जा सकता है:

1. Control Panel विंडो ओपन कीजिए और Taskbar & Start Menu के आइकॉन पर डबल-क्लिक करके Taskbar & Start Menu Properties डायलॉग बॉक्स ओपन कीजिए।

2. 'Start Menu' टैब पर जाइये जिसमें निम्न विकल्प मिलेंगे:

- **Power Button Action:** यह निर्धारित करने के लिए पावर बटन का प्रयोग मुख्य रूप से किसलिए किया जायेगा। इस एक बटन का प्रयोग सिस्टम को शटडाउन, लॉगऑफ, रिस्टार्ट करने, यूजर को स्विच करने या कम्प्यूटर को स्लीप मोड में डालने के लिए किया जा सकता है। डिफॉल्ट रूप से इस बटन पर क्लिक करने पर यह क्या करेगा, यह आप इस सेक्शन में दिये गये ड्रॉप डाउन बॉक्स से सेट कर सकते हैं।
- **Privacy:** प्राइवेसी सेक्शन में दो चेकबॉक्स होते हैं। पहले चेकबॉक्स का प्रयोग यह निर्धारित करने के लिए किया जाता है कि हाल ही में प्रयोग किये गये प्रोग्राम को स्टार्ट मेन्यू में स्टोर और प्रदर्शित होंगे या नहीं जबकि दूसरे चेकबॉक्स का प्रयोग यह निर्धारित करने के लिए किया जाता है कि हाल ही में प्रयोग किये गये आइटम्स स्टार्ट में स्टोर और प्रदर्शित होंगे या नहीं।
- स्टार्ट मेन्यू की लिंक्स, मेन्यू, लुक आदि को कस्टमाइज करने के लिए 'Customize' बटन पर क्लिक कीजिए। ऐसा करते ही एक डायलॉग बॉक्स ओपन हो जायेगा, जिसमें 'Computer', 'Control Panel', 'Default Programs', 'Device and Printers' आदि को कस्टमाइज किया जा सकता है।

प्रोग्राम को टास्कबार या स्टार्ट मेन्यू पर जोड़ना (Pinning a Program on Taskbar or Start Menu)

आप जिन प्रोग्राम्स का प्रयोग प्राय: करते रहते हैं उनके शॉर्टकट्स को आप स्टार्ट मेन्यू या फिर टास्कबार में जोड़ सकते हैं। इस प्रकार से आप आसानी से तुरंत उन्हें एक्सेस कर सकते हैं। आप निम्न प्रकार से किसी भी प्रोग्राम को टास्कबार या स्टार्ट बार से जोड़ सकते हैं।

1. स्टार्ट मेन्यू ओपन कीजिए और 'All Programs' पर जाइये।
2. जिस प्रोग्राम को स्टार्ट मेन्यू या टास्कबार से जोड़ना है, उस पर माउस से दायाँ क्लिक कीजिए।
3. ओपन हुए शॉर्टकट मेन्यू से आवश्यकतानुसार 'Pin to Taskbar' या 'Pin to Star Menu' पर क्लिक कीजिए।

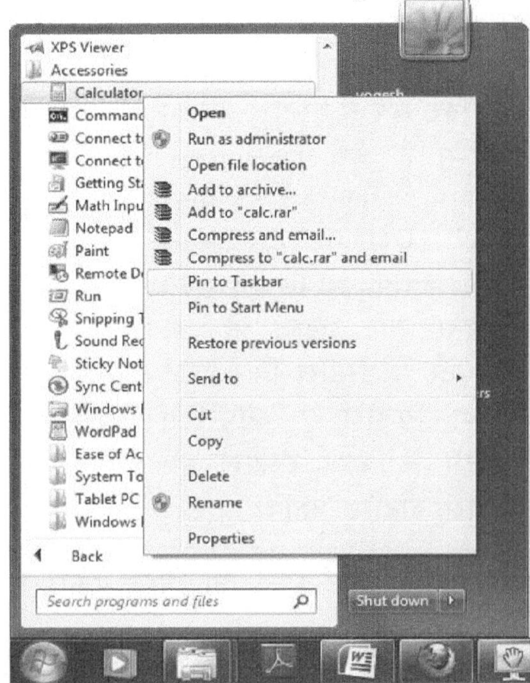

प्रोग्राम को टास्कबार या स्टार्ट मेन्यू में जोड़ना

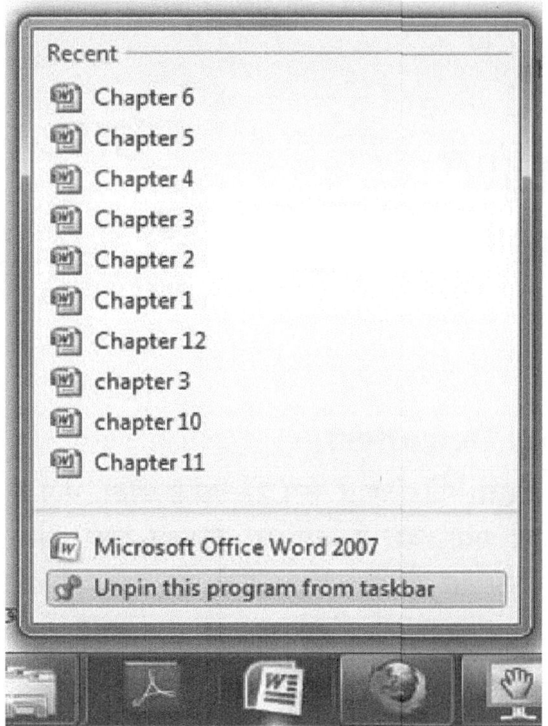

प्रोग्राम को टास्कबार या स्टार्ट मेन्यू से हटाना

ऐसा करते ही वह प्रोग्राम स्टार्ट मेन्यू या टास्कबार पर दिखायी देने लगेगा। टास्कबार या स्टार्ट मेन्यू में जोड़े गये किसी प्रोग्राम को वहाँ से हटाने के लिए उस प्रोग्राम के आइकॉन पर माउस से दायाँ बटन क्लिक कीजिए और ओपन मेन्यू से 'Unpin this program from taskbar' या 'Unpin from Start Menu' पर क्लिक कीजिए।

यूटिलिटीज (Utilities)

विंडोज डिफेन्डर (Windows Defender)

इंटरनेट की शुरुआत से ही एक खतरा जो विशेष रूप से इसके साथ चल रहा है और इसके विकास के साथ ही जिसका भी विकास होता गया, वह है वायरस। वायरस एक प्रकार का विशेष कम्प्यूटर प्रोग्राम होता है जो चुपचाप आपके कम्प्यूटर पर इंस्टॉल होकर उसे नुकसान पहुँचाना शुरू कर देता है। कम्प्यूटर को नुकसान पहुँचाने वाले ऐसे ही सॉफ्टवेयर्स में से एक है स्पाइवेयर। स्पाइ का अर्थ है जासूस। जिस प्रकार से जासूस किसी व्यक्ति की निजी सूचनाएं चुपचाप एकत्रित करते हैं उसी प्रकार से स्पाइवेयर प्रोग्राम भी हमारे कम्प्यूटर में चुपचाप रहकर कम्प्यूटर में स्टोर डाटा चुराते रहते हैं। चूंकि वायरस के विपरीत ये चुपचाप काम करते हैं, इसलिए इनका पता लगाना कुछ कठिन होता है और यही कार्य करता है विंडोज 7 का एंटीस्पाइवेयर सॉफ्टवेयर विंडोज डिफेन्डर। विंडोज 7 में प्रदान किया गया यह प्रोग्राम आपके कम्प्यूटर में छिपे बैठे स्पाइवेयर्स को खोज निकालता है और उन्हें खत्म कर देता है।

आप विंडोज डिफेन्डर को निम्न प्रकार से प्रयोग कर सकते हैं:

- कंट्रोल पैनल विंडो ओपन कीजिए और उसमें 'Windows Defender' पर क्लिक कीजिए। विंडोज डिफेन्डर विंडो ओपन हो जायेगी। सिस्टम में स्पाइवेयर है या नहीं इसका पता लगाने के लिए आपको उसे स्कैन करना होगा। कम्प्यूटर को स्कैन करने के लिये 'Scan' के बगल से दी गयी ऐरो पर क्लिक कीजिए जिससे एक मेन्यू ओपन होगा। इस मेन्यू में निम्न विकल्प होंगे:
    - **Quick Scan:** इस विकल्प का चयन करने पर विंडोज डिफेन्डर केवल उन प्रोग्राम्स को ही स्कैन करता है जिनकी स्पाइवेयर से संक्रमित होने की संभावना सबसे ज्यादा है।
    - **Full Scan:** इस विकल्प का चयन करने पर विंडोज डिफेन्डर पूरे कम्प्यूटर में स्पाइवेयर को खोजता है।
    - **Custom Scan:** अपनी इच्छानुसार किसी विशेष फोल्डर या ड्राइव को स्कैन करने के लिये। इस विकल्प का चयन करने पर एक अन्य विंडो ओपन होती है, जिसमें 'scan selected drives

and folders' रेडियो बटन का चयन कीजिए और फिर 'Select...' पुश बटन पर क्लिक करके उपयुक्त ड्राइव का चयन कीजिए। किसी ड्राइव में मौजूद किसी विशिष्ट फोल्डर को स्कैन करने के लिए '+' पर क्लिक कीजिए और ओपन हुई फोल्डर लिस्ट से उस फोल्डर का चयन कर लीजिए जिसे स्कैन करना है। अंत में 'Scan Now' पर क्लिक कीजिए।

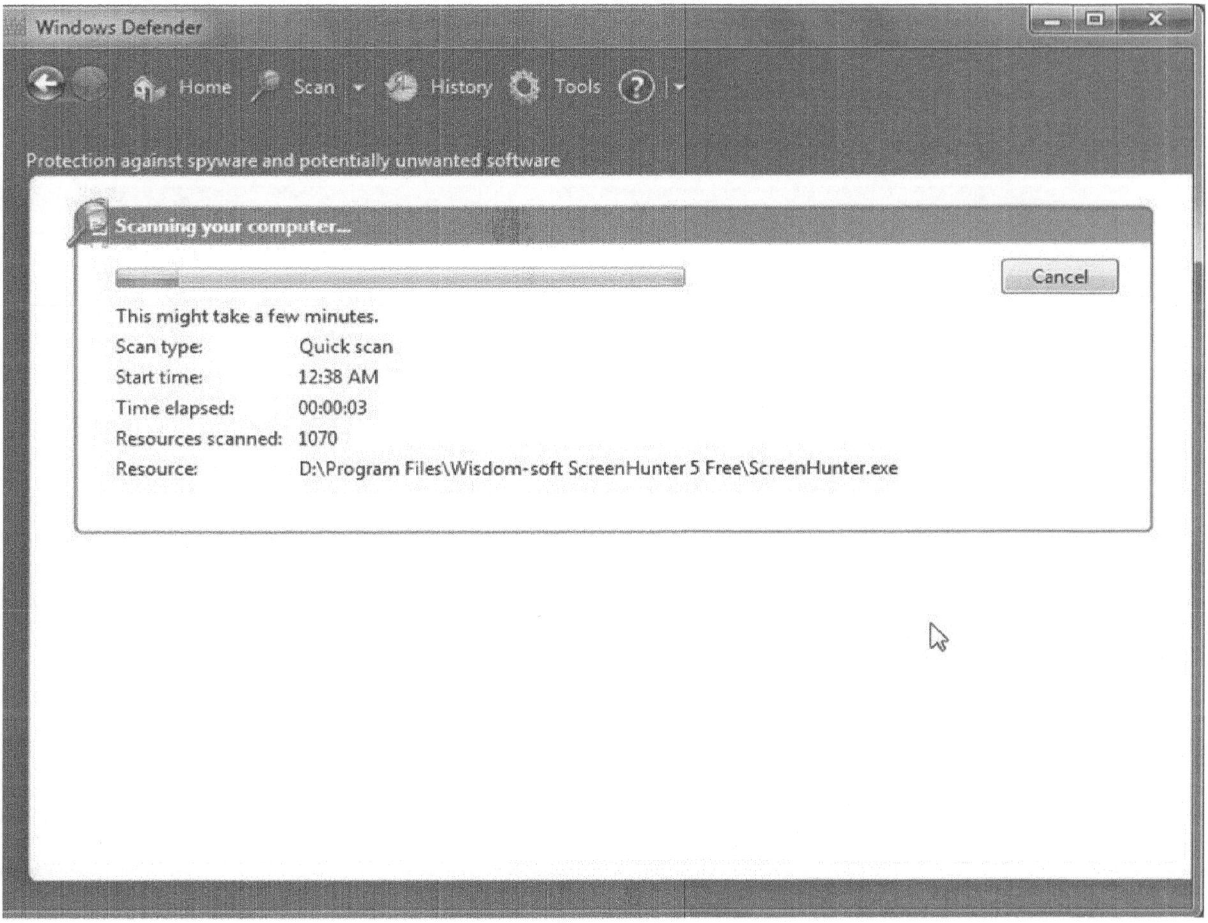

विंडोज डिफेन्डर

यूजर अकाउंट्स (User Accounts)

विंडोज ऑपरेटिंग के विभिन्न संस्करणों का उपयोग करके हम एक ही कम्प्यूटर में कई यूज़र्स का अकाउण्ट बना सकते हैं। कार्यालयों में सामान्यतः एक ही कम्प्यूटर में कई यूज़र्स को कार्य करना पड़ता है। इस स्थिति में विंडोज 7 की यह विशेषता यूज़र्स को अत्यंत लाभ प्रदान करती है। इन सभी अकाउण्ट्स को यूजर पासवर्ड द्वारा सुरक्षित कर सकते हैं। विंडोज 7 में यूजर अकाउण्ट का निर्माण करने के लिए निम्न चरणों का अनुसरण कीजिए:

- कंट्रोल पैनल विंडो ओपन कीजिए और उसमें 'User Accounts' पर क्लिक कीजिए। यूजर अकाउंट्स विंडो ओपन हो जायेगी।
- इस विंडो में 'Manage another account' पर क्लिक करके 'Create a new account' पर क्लिक कीजिए।
- नये यूजर अकाउंट का निर्माण करने के लिये दिये गये टेक्स्ट में यूजरनेम टाइप कीजिए और यूजर का टाइप चुनिये। आपको चुनना होगा कि यह यूजर एक सामान्य यूजर होगा या फिर एडमिनिस्ट्रेटर।
- नये यूजर अकाउंट का निर्माण करने के लिये 'Create Account' पर क्लिक कीजिए।

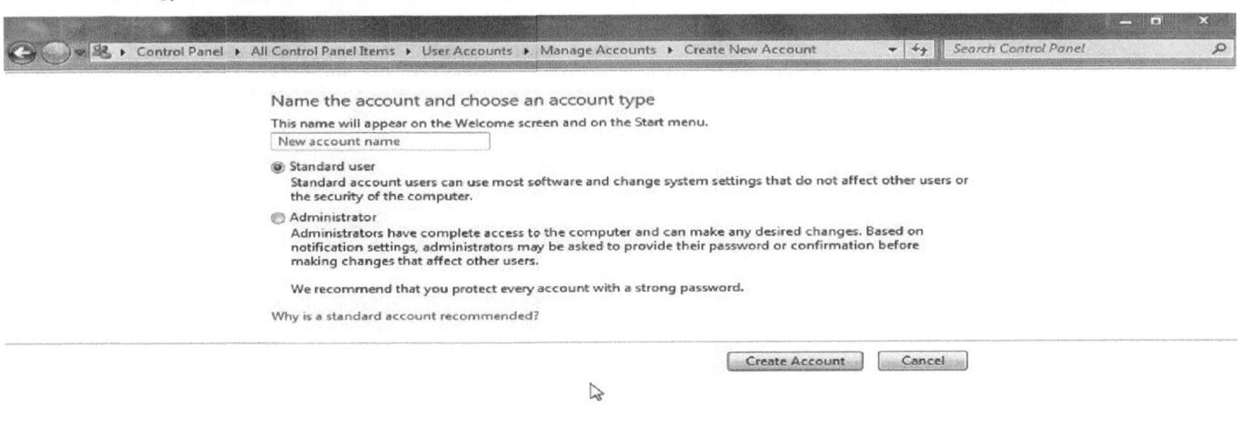

नये यूजर का निर्माण करना

नये यूजर अकाउंट का निर्माण करने के बाद कई अन्य महत्त्वपूर्ण कार्य करने होते हैं जैसे पासवर्ड का निर्माण करना, यूजर इमेज बदलना, अकाउंट का नाम बदलना, पैरेंटल कंट्रोल स्थापित करना आदि। ये कार्य आप इस प्रकार से कर सकते हैं:

- 'Manage another account' पर क्लिक कीजिए जहाँ आपको सभी यूजर अकाउंट्स दिखायी देंगे। अपने यूजर अकाउंट पर क्लिक कीजिए। ऐसा करते ही 'Change an Account' विंडो ओपन हो जायेगा, जिसमें अपने अकाउंट में निम्न परिवर्तन कर सकते हैं:

- **Change the account name:** अकाउंट का नाम बदलने के लिए।
- **Create a password:** यूजर अकाउंट के लिए पासवर्ड का निर्माण करने के लिए। पासवर्ड के रूप में किसी भी टेक्स्ट, डिजिट या चिह्न का प्रयोग किया जा सकता है। पासवर्ड याद रखने के लिए आप हिंट का भी प्रयोग कर सकते हैं। अगर आपने पासवर्ड का निर्माण पहले से किया हुआ है तो आपको इस लिंक के ठीक बाद 'Remove a password' लिंक दिखायी देने लगेगी, जिसका प्रयोग पासवर्ड हटाने के लिए किया जाता है।
- **Change a picture:** यूजर अकाउंट के आइकॉन पर प्रदर्शित हो रहे चित्र को परिवर्तित करने के लिए।
- **Set up Parental Controls:** पैरेंटल कंट्रोल सेटिंग्स को सेट करने के लिए।
- **Change the account type:** अकाउंट का प्रकार बदलने के लिए।
- **Delete the account:** यूजर अकाउंट को डिलीट करने के लिए। इस लिंक पर क्लिक करने के बाद आपको दो विकल्प प्राप्त होंगे। इस अकाउंट के साथ उसमें मौजूद फाइल्स को भी डिलीट करने के लिए 'Delete Files' पर क्लिक कीजिए। अकाउंट में मौजूद फाइल्स एडमिनिस्ट्रेटर के डेस्कटॉप में सुरक्षित रखने के लिये 'Keep Files' का चयन कीजिए।

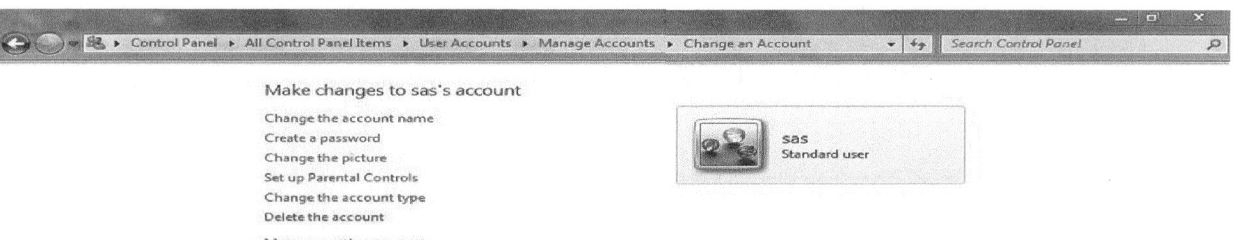

अकाउंट में संशोधन करना

इनबिन्ट एप्लिकेशन और एसेसिरीज

स्टिकी नोट्स

स्टिकी नोट्स पुराने पड़ चुके पोस्ट का इलेक्ट्रानिक समतुल्य है। स्टिकी नोट्स ऑनस्क्रीन पर अनुस्मारक के रूप बखूबी इस्तेमाल किया जा सकता है। यहाँ तक भी अपने आप को समय के अनुसर संगठित करने के लिए रंगीन बनाने की भी सुविधा है। ये स्टिकी नोट्स डेस्कटॉप पर कहीं भी स्थापित किया जा सकता है और वे उस समय तक वहाँ स्थित रहेंगे जब तक की उन्हें डिलीट नहीं किया जाये।

स्टिकी नोट्स बनाने के लिए

क्लिक स्टार्ट ⟶ ऑल प्रोग्राम्स ⟶ एक्सेसरीज ⟶ स्टिकी नोट्स डेस्कटॉप पर एक नया ब्लैंक नोट खुलेगा। कर्सर को ब्लैंक नोट के शुरू पर रखते हुए आप लिख सकते हैं अपनी यादगारी के लिए -

स्टिकी नोट्स

आप इसे जैसा चाहे आकार दे सकते हैं। लिखने के बाद निम्न शार्टकट की को प्रयोग में लायें:

- टेक्स्ट बोल्ड करने के लिय - Ctr+B
- टेक्स्ट इटैलिक करने के लिय - Ctr+I
- टेक्स्ट अंडरलाइन करने के लिय - Ctr+U

अगर आपको टेक्स्ट नोट में फिट नही होता है तब विंडोज अपने आप नोट की ऊँचाई बढ़ा देता है जिसके कि सम्पूर्ण टेक्स्ट नोट के अन्दर आ जाए। जब आप नोट के अन्दर टेक्स्ट लिख लें तब नोट के बाहर डेस्कटॉप पर कहीं भी क्लिक करें। अगर आप चाहें तो न्यू नोट बटन (जिसमें एक प्लस (+) का आकार बना है) को प्रेस कर सकते हैं। एक नया स्टिकी नोट बन जायेगा और आपका पहला स्टिकी नोट डेस्कटॉप पर सुरक्षित बना रहेगा।

अगर आप स्टिकी नोट्स को प्रयोग समय समय पर करना चाहते हैं तब आपको टास्कबार पर उपलब्ध स्टिकी नोट्स क्विक लांच बटन के तरीकों को समझ लेना चाहिए। इस बटन को एक बार प्रेस करने पर डेस्कटॉप पर उपलब्ध स्टिकी नोट्स अस्थायी रूप से छुप जायेंगे। इसी बटन को एक बार और प्रेस करने पर सारे के सारे स्टिकी नोट्स डेस्कटॉप पर वापस आ जायेंगे। स्टिकी नोट्स को रंगीन रूप देने के लिए नोट पर राइट क्लिक करें फिर अपेक्षित रंग पर क्लिक करें - नीला, हरा, गुलाबी, बैगनी, सफेद या पीला।

किसी स्टिकी नोट को डिलीट करने के लिए, नोट के ऊपर दाहिने कार्नर पर स्थापित डिलीट बटन को क्लिक करें।

पहली बार डिलीट का बटन प्रेस करने पर विंडोज आपसे कन्फर्म चाहेगा। अगर आप इस एलर्ट संदेश को नहीं देखना चाहते हैं तब आप ''डोन्ट डिस्प्ले दिस मैसेज अगेन'' चेक बॉक्स पर 'येस' को प्रेस करें।

विंडो एक्सप्लोरर के ओपन करने पर कभी-कभी स्टिकी नोट पूर्णत: या आंशिक रूप से ढ़क जाता है। ऐसी स्थिति में इसे ऊपर (जिससे कि स्टिकी नोट दिखे) लाने के लिए या तो आंशिक रूप से दिखते किसी भाग पर क्लिक करें। अन्यथा टास्कबार पर ''स्टिकी नोट्स क्विक लांच बटन'' को प्रेस करें (कुछ भी नहीं दिखने की स्थिति में)।

कैलकुलेटर

विन्डोज 7 के कैलकुलेटर में पुराने विन्डोज के कैलकुलेटर के बनिस्बत अनेक नये बटन डालकर बहुत उपयोगी बना दिया गया है। कैलकुलेटर का उपयोग करने के लिए स्टार्ट ⟶ ऑल प्रोग्राम्स ⟶ एक्सेसरीज ⟶ कैलकुलेटर बटन को प्रेस करें। यह स्टैन्डर्ड बेसिक कैलकुलेटर है। इससे साधारण जोड़, घटाव, गुणा, भाग कर सकते हैं इसलिए जोड़ के लिए +, घटाने के लिए –, गुणा के लिए × और भाग देने के लिए ÷, और अन्त में फल जानने के लिए = बटन का प्रयोग करना होगा। किसी भी अंक और गुणक (मैथमैटिकल ऑपरेटर्स) को प्रयोग मे लाने के लिए ऑनस्क्रीन बटन या की बोर्ड का इस्तेमाल किया जा सकता है। कैलकुलेटर में तीन अलग-अलग मोड हैं जिसे 'व्यू मेनू' से चयन किया जा सकता है (या निम्न प्रकार से शार्टकट 'की' के प्रयोग से।)

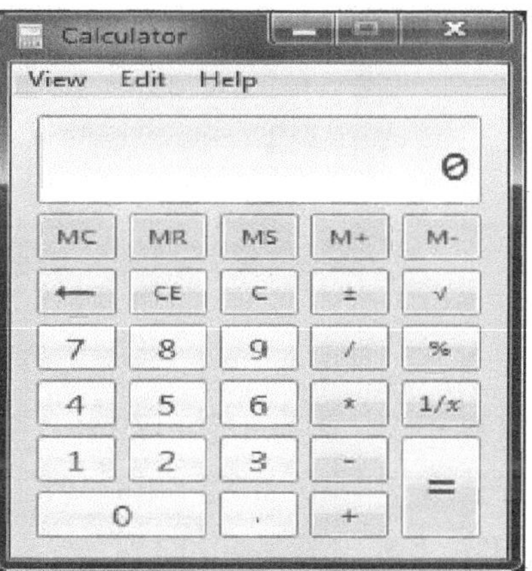

कैलकुलेटर

गेम्स एक्सप्लोरर

विन्डोज 7 गेम्स एक्सप्लोरर में गेम्स का उपयोग करने के लिए सबसे आसान और सहज तरीका डिफॉल्ट के रूप में उपलब्ध है। विन्डोज 7 में शामिल गेम्स सामान्यत: पारम्परिक कार्ड और बोर्ड गेम्स पर आधारित हैं। इसमें तीन नये गेम्स शामिल किये गये हैं (बैक गैमन, चेकर्स और स्पेड्स) जिन्हें आप अपने ऑनलाइन मित्रों के साथ (इंटरनेट कनेक्शन के द्वारा) खेल सकते हैं।

माइक्रोसॉफ्ट ने विन्डोज विस्टा में शामिल गेम्स इंकबाल को विन्डोज 7 के गेम्स से हटा दिया है। गेम्स एक्सप्लोरर शुरू करने के तरीके

स्टार्ट ⟶ गेम्स टू ओपन गेम्स एक्सप्लोरर डायलॉग बाक्स में 'येस' पर क्लिक करें।

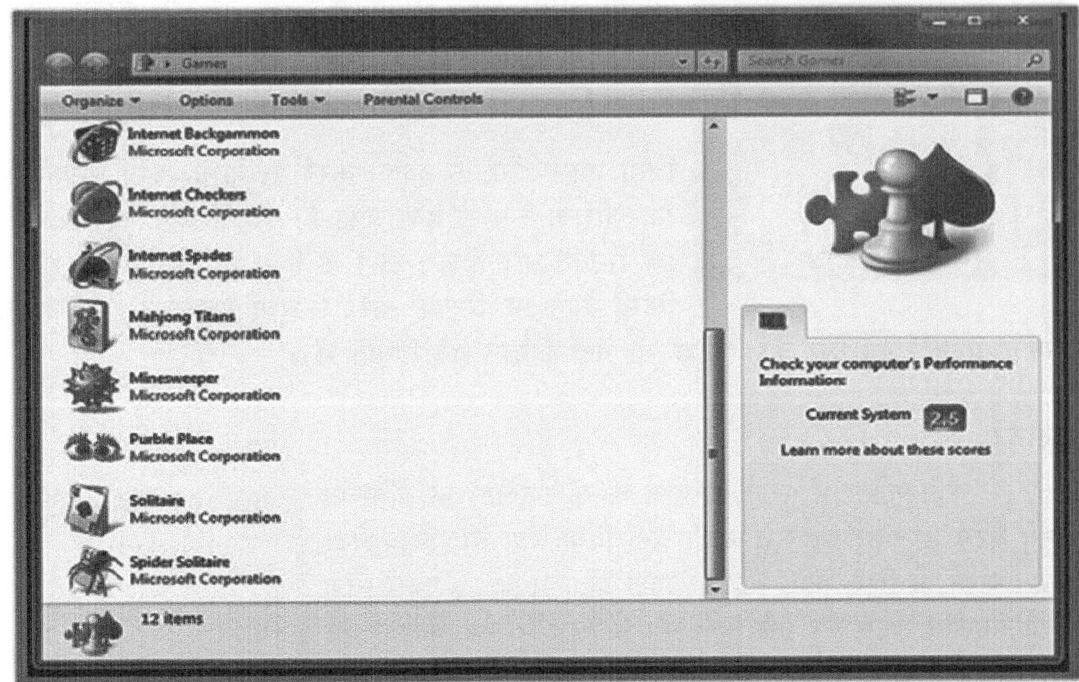

गेम्स एक्सप्लोरर

रिकोमेन्डेउ सेटिंग्स का उपयेाग कर गेम्स एक्सप्लोरर तक पहुँचा जा सकता है। गेम्स एक्सप्लोरर के प्रिव्यू पेन के दाहिनी तरफ आप एक सूचना देखेंगे कि इस कम्प्यूटर में परफॉरमेन्स इनफॉरमेशन्स का निर्माण अभी तक नही हुआ है।

जब आप किसी खेल को प्रारंभ करेंगे तब धीमी गति से गेम के चलने की चेतावनी मिलेगी।

इस सूचना से मायूस होने की आवश्यकता नही है। डायलॉग बॉक्स में 'येस' पर क्लिक करें, गेम शुरू करने के लिए।

गेम्स एक्सप्लोरर में किसी गेम के नाम पर क्लिक करने पर उस गेम के बारे में विस्तृत जानकारी मिल सकेगी। गेम्स एक्सप्लोरर में नीचे की आरे दर्शाये गये 'डिटेल्स पेन' से आप किसी गेम के बारे में विशेष जानकारी हासिल कर सकते हैं। दाहिनी ओर दिये गये 'प्रिव्यू पेन' में उस गेम के रेंटिग, परफॉरमेंस, जरूरतें और स्टैटिस्टिक्स के लिए टैब दिये गये हैं। विन्डोज एक्सप्लोरर के ही सदृश आप प्रिव्यू पेन का छुपा सकते हैं या डेस्कटॉप पर ला सकते हैं। इसके लिए आपको कमाण्ड बार के दाहिने दिशा में दिये गये बटन को क्लिक करना होगा।

एम एस डॉस (MS-DOS)

एम एस डॉस या माइक्रोसॉफ्ट डिस्क ऑपरेटिंग सिस्टम, जिसे प्राय: डॉस प्रॉम्प्ट भी कहते हैं, टेक्स्चुअल यूजर इंटरफेस (Textual User interface or TUI) पर आधारित एक पर्सनल कम्प्यूटर ऑपरेटिंग सिस्टम है जिसका प्रयोग 1990 के दशक की शुरुआत तक ज्यादातर पर्सनल कम्प्यूटर्स में किया जाता था। एम एस डॉस डिस्क ऑपरेटिंग सिस्टम परिवार का सबसे ज्यादा उपयोग किया जाने वाला सदस्य है, जिसे आज भी उपयोग किया जा रहा है। एम एस डॉस के जिस रूप को हम आज देख रहे हैं उसके आधार का विकास असल में माइक्रोसॉफ्ट ने नहीं किया था। इसका विकास 86-डॉस के नाम सियेटल कम्प्यूटर प्रोडक्ट्स (Seatle Computer Products) के टिम पैटरसन द्वारा किया गया था, जिसे Q-DOS (Quick and Dirty Operating System) कहते थे। बाद में माइक्रोसॉफ्ट ने इस उत्पाद के अधिकार सियेटल कम्प्यूटर से खरीदकर इस क्यू-डॉस को एम एस डॉस 1.0 के नाम से सन् 1982 में मार्केट में रिलीज किया।

अपने कम्प्यूटर में एम एस डॉस ओपन करने का सबसे आसान तरीका है सीधे रन प्रोग्राम में कमांड (Command) या (Text) टाइप करके डॉस ओपन करना। इसके अतिरिक्त आप निम्न प्रकार से भी एम एस डॉस ओपन कर सकते हैं:

- स्टार्ट बटन पर क्लिक करके स्टार्ट मेन्यू से 'All Programs' पर जाइये।
- प्रोग्राम्स से 'Accessories' पर जाइये और 'Command Prompt' पर क्लिक कीजिए। एम एस डॉस विंडो ओपन हो जायेगी जिसमें आप डॉस कमांड्स टाइप कर सकते हैं।

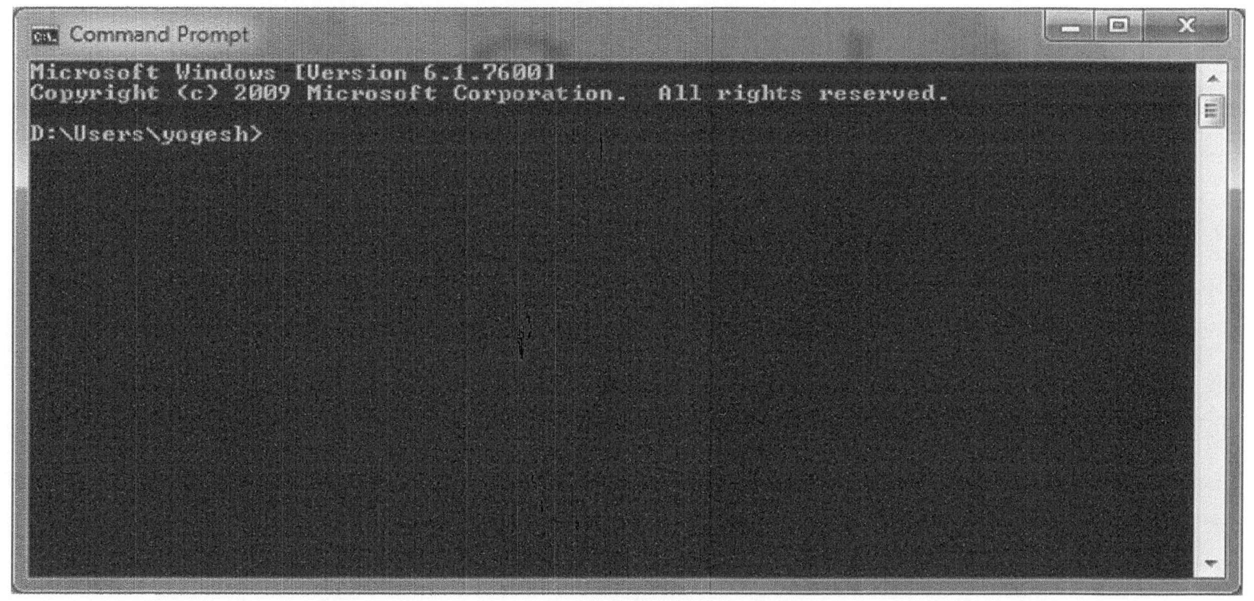

कमांड प्रॉम्प्ट

नोटपैड (Notepad)

नोटपैड एक सामान्य टेक्स्ट एडिटर है, जो विंडोज 1.0 से लेकर विंडोज 7 तक विंडोज ऑपरेटिंग सिस्टम के सभी संस्करणों में सम्मिलित है। नोटपैड एक साधारण टेक्स्ट एडिटर है, जिसका निर्मित की गयी कोई भी फाइल डिफॉल्ट रूप से .txt विस्तारक (Extension) के साथ सेव होती है। नोटपैड का उपयोग करके निर्मित की गयी फाइल में हम किसी भी प्रकार की फॉर्मेटिंग नहीं कर सकते हैं, अर्थात् नोटपैड डॉक्यूमेंट में किसी भी प्रकार की स्टाइल, तालिका आदि का उपयोग नहीं कर सकते हैं। इसके अतिरिक्त नोटपैड का उपयोग हम साधारण टेक्स्ट पर आधारित HTML एडिटर के रूप में भी कर सकते हैं। नोटपैड को निम्न प्रकार से ओपन कीजिए:

- स्टार्ट बटन पर क्लिक करके स्टार्ट मेन्यू ओपन कीजिए।
- 'All Programs' पर जाइये 'Accessories' पर क्लिक करके फोल्डर ओपन कीजिए।
- इस फोल्डर में 'Notepad' पर क्लिक कीजिए। ऐसा करते ही चित्रानुसार नोटपैड विंडो स्क्रीन ओपन हो जायेगी।

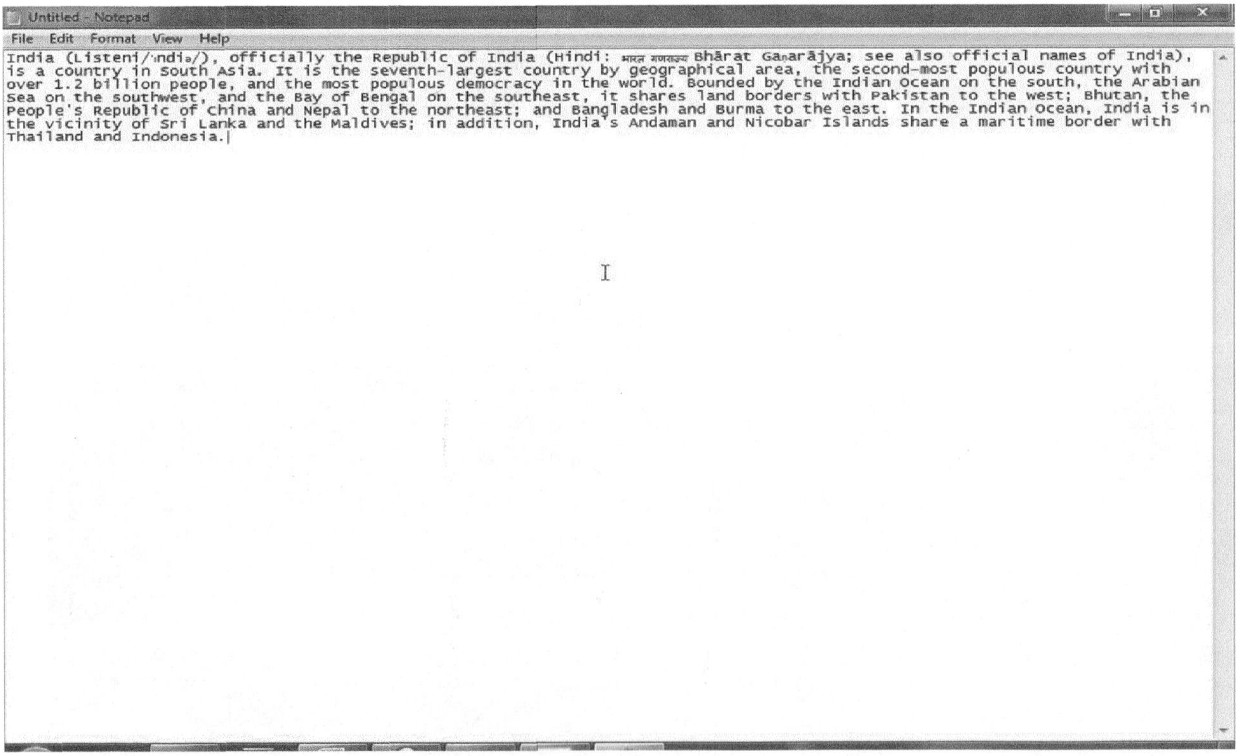

Untitled - Notepad

File Edit Format View Help

India (Listeni/ˈɪndiə/), officially the Republic of India (Hindi: भारत गणराज्य Bhārat Gaṇarājya; see also official names of India), is a country in South Asia. It is the seventh-largest country by geographical area, the second-most populous country with over 1.2 billion people, and the most populous democracy in the world. Bounded by the Indian Ocean on the south, the Arabian Sea on the southwest, and the Bay of Bengal on the southeast, it shares land borders with Pakistan to the west; Bhutan, the People's Republic of China and Nepal to the northeast; and Bangladesh and Burma to the east. In the Indian Ocean, India is in the vicinity of Sri Lanka and the Maldives; in addition, India's Andaman and Nicobar Islands share a maritime border with Thailand and Indonesia.

नोटपैड

वर्डपैड (Wordpad)

वर्डपैड एक सेमी वर्ड प्रोसेसर (Semi word processor) है, जिसे विंडोज 95 में सम्मिलित किया गया था। दूसरे शब्दों में हम यह कह सकते हैं कि वर्डपैड एक ऐसा वर्ड प्रोसेसिंग प्रोग्राम है जिसमें नोटपैड तथा एम.एस वर्ड के कई गुण सम्मिलित है। नोटपैड या एम एस वर्ड में सेव की गयी फाइल्स को हम वर्डपैड में उपयोग कर सकते हैं, क्योंकि यह नोटपैड के .txt तथा एम एस वर्ड के .rtf दोनों विस्तारकों का समर्थन करता है। लेकिन विंडोज 7 का वर्डपैड विंडोज एक्सपी के वर्डपैड से बेहतर है क्योंकि इसमें सामान्य मेन्यूबार के स्थान पर रिबन प्रदान किया गया है। नोटपैड को निम्न प्रकार से ओपन कीजिए:

- स्टार्ट बटन पर क्लिक करके स्टार्ट मेन्यू ओपन कीजिए।
- 'All Programs' पर जाइये 'Accessories' पर क्लिक करके फोल्डर ओपन कीजिए।
- इस फोल्डर में 'Wordpad' पर क्लिक कीजिए। ऐसा करते ही चित्रानुसार वर्डपैड विंडो स्क्रीन ओपन हो जायेगी।

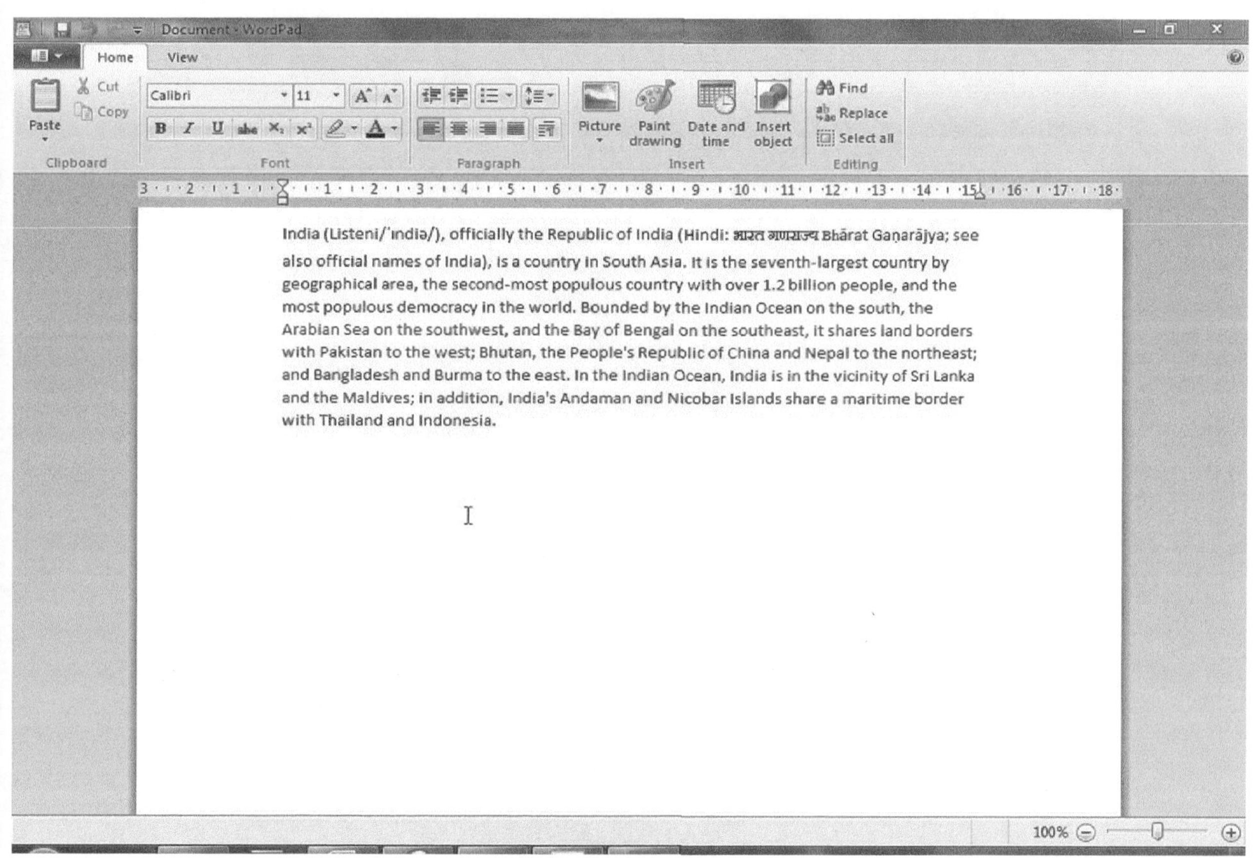

वर्डपैड

एम एस पेन्ट (MS Paint)

माइक्रोसॉफ्ट पेन्ट, जिसे प्राय: पेन्टब्रश भी कहते हैं, विंडोज ऑपरेटिंग सिस्टम में डिफॉल्ट रूप से प्रदान किया गया एक साधारण ग्राफिक्स पेन्टिंग प्रोग्राम है जिसका प्रयोग आप कम्प्यूटर में पेन्टिंग बनाने और इमेज फाइल्स में सामान्य एडिटिंग कार्य करने के लिए कर सकते हैं। वैसे तो इस प्रोग्राम में बनाई गयी पेन्टिंग का डिफॉल्ट एक्सटेंशन 24बिट बिटमैप (Bitmap or BMP) होता है लेकिन अपनी इच्छानुसार इन फाइल्स को मोनोक्रोम (monochrome), 256 कलर बिटमैप इमेज, 16 कलर, TIFF, GIF, JPEG, PNG के रूप में भी सेव किया जा सकता है। विंडोज एक्सपी एम एस पेन्ट को निम्न प्रकार से ओपन कीजिए:

- स्टार्ट बटन पर क्लिक करके स्टार्ट मेन्यू ओपन कीजिए।
- 'All Programs' पर जाइये 'Accessories' पर क्लिक करके फोल्डर ओपन कीजिए।
- इस फोल्डर में 'Paint' पर क्लिक कीजिए। ऐसा करते ही चित्रानुसार एम एस पेन्ट विंडो स्क्रीन ओपन हो जायेगी।

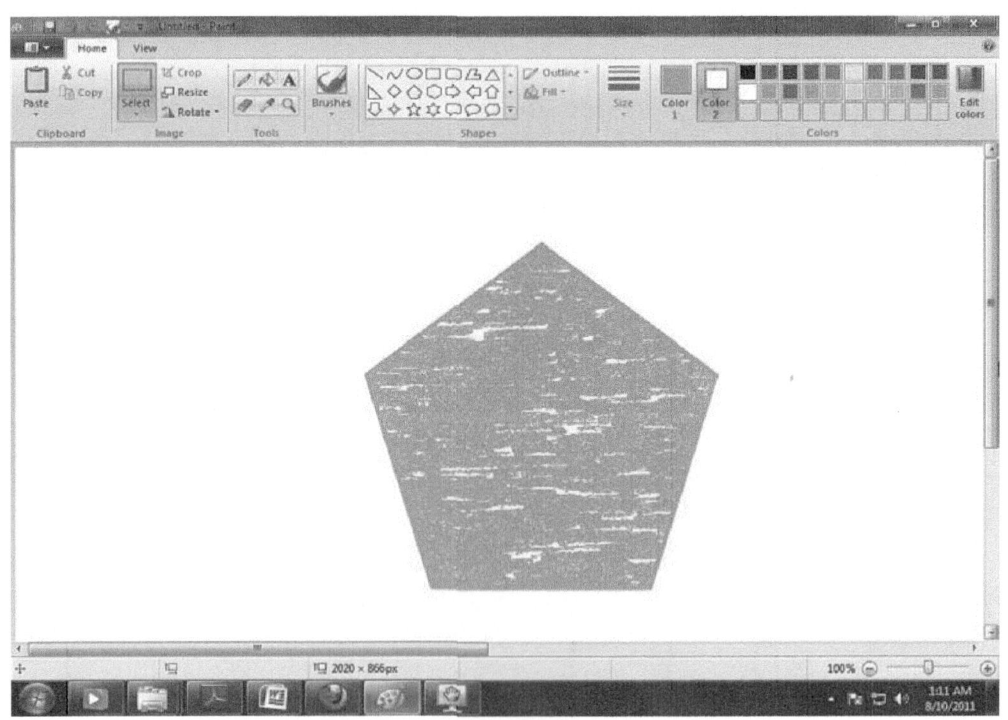

पेन्टब्रश

अन्त में....

हम आशा करते हैं कि प्रस्तुत पुस्तक 'विंडोज 7' से आपकी संपूर्ण जिज्ञासाओं का समाधान हो गया होगा। कम्प्यूटर से संबंधित अन्य जानकारी के लिए आप हमारे यहाँ से प्रकाशित दूसरी पुस्तक लेकर अपने ज्ञान में वृद्धि कर सकते हैं।

स्कूल ऐट्लस

71 TRENDBLAZING SERIES OF PROJECTS & EXPERIMENTS

हमारी सभी पुस्तकें www.vspublishers.com पर उपलब्ध हैं

प्रश्नोत्तरी की पुस्तकें

रहस्य

ड्राइंग बुक्स

उद्धरण/सूक्तियाँ

आत्म कथाएं

पहेलियां

एक्टिविटीज बुक

हमारी सभी पुस्तकें www.vspublishers.com पर उपलब्ध हैं

ISBN : 9789381384343

बच्चों की कहानियाँ

कथा एवं कहानियाँ

All Books Fully Coloured

Save ₹ 150/-
Pay ₹ 600/- instead of ₹ 750/- for complete Set of 5 books price ₹ 150/- each

Gift Pack

हिन्दी साहित्य

हमारी सभी पुस्तकें www.vspublishers.com पर उपलब्ध हैं